Journal d'un instituteur de campagne

Du même auteur

Aux éditions De Borée

Journal d'un enfant de troupe, Terre de poche
L'Écorce amère

Militaire, instituteur puis kinésithérapeute, ***Yvon Collin*** *est aujourd'hui à la retraite et partage son temps entre l'écriture, la peinture et sa passion pour la montagne.* Journal d'un instituteur de campagne *est son deuxième livre publié aux éditions De Borée, après* L'Écorce amère.

Yvon Collin

Journal d'un instituteur de campagne

De Borée

Au bonheur qui m'entoure :
ma famille,
et à tous les instits.

Avertissement

Il est des vies qui, en une fraction de seconde, par un croc-en-jambe du destin, passent du rose au noir. Je l'appris, une nuit froide de 1959, une année tragique et passionnante. Une année dont je n'ai rien oublié.

Les événements, à la fois dramatiques et cocasses, qui changèrent ma vie cette année-là, sont relatés avec la fidélité que permettent des souvenirs vieux de plus de quarante ans.

Pour étoffer la fresque sur la paysannerie à l'aube du Marché commun que je brosse en toile de fond de ce récit, il m'a paru utile d'y glisser quelques anecdotes glanées ailleurs, au hasard de mes rencontres, entre autres dans le village de mon enfance. Toutes authentiques, elles sont néanmoins étrangères à ce petit village de Bricourt qui ne figure sur aucune carte parce que j'ai changé les noms des lieux et des personnages.

La petite guerre

3 MARS 1959. Vers 23 heures, notre petit commando composé de cinq apprentis guerriers s'enfonce dans la nuit champenoise. Derrière nous, à l'horizon, les lumières de Châlons-sur-Marne jaunissent une frange de ciel bas, menaçant. Il fait froid et humide. Le décor et les éléments ajoutent une note de tragédie à la scène que nous allons répéter avant de la jouer inévitablement, un jour ou l'autre, dans cette drôle de guerre d'Algérie, ce théâtre d'opérations extérieur qui n'ose pas dire son nom.

Le capitaine, responsable de la mise en scène, la énième pour lui et qui ne le passionne plus, a choisi ce soir de rester au coin du feu et a délégué son autorité à un sous-lieutenant d'occasion, professeur de maths dans le civil et donc pas très au fait de la chose militaire.

Objectif de notre mission : s'approcher au plus près de l'ennemi – un plastron d'engagés planqués à l'orée d'un bois – pour déterminer son effectif et son armement. Sans être vus, donc pas pris. Une formalité. Mais la petite guerre réserve parfois de ces surprises !

Une faute tactique dans notre approche, qu'un louveteau jouant aux Indiens n'aurait jamais commise – et voilà une myriade d'éclairs d'armes automatiques qui déchirent l'obscurité... Au mieux, théoriquement selon notre observateur de lieutenant, nous sommes morts, au pis blessés... et blessés dans le djebel, aux mains des « fellous » : l'horreur ! Nous n'acceptons pas la théorie, qui laisse un doute, et opérons un repli rapide pour aviser. Les armes en face se taisent.

J'ai repéré un tireur isolé, une proie facile. J'en fais part à mon copain Kopf, dont c'est le tour d'être chef, et lui demande l'autorisation d'aller le chercher, histoire de ne pas revenir bredouille. Et un prisonnier, ça parle ! Qu'est-ce que je risque ? Je suis courageux, bien entraîné... L'ennemi ? Des bleusailles avec des balles à blanc... On ne va quand même pas se faire ridiculiser par des bleus, des soldats d'opérette !

« D'accord. Faut sauver la face », décide Kopf.

J'allège ma tenue, lui confie mon P.-M. et m'enfonce dans la nuit, lentement, tâtant le sol précautionneusement. Curieux de nature, le lieutenant me suit à distance. Mon homme se trouve à moins de cent mètres. Courbé, j'avance à pas comptés dans une boue épaisse, félin... Plus que trente mètres... Plus que dix mètres... Je rampe... Plus que… Je le devine, là, à plat ventre au-dessus d'un trou. Je l'ai contourné… par hasard. Mars est avec moi !

Je m'approche à trois mètres derrière lui… Gagné. Concentration… Échec interdit… Je bondis. Il se retourne. Le canon de son arme s'enfonce dans mon aisselle. Une violente déflagration. Je m'effondre, projeté en arrière, et hurle :

« Salaud, tu m'as buté ! »

Le cinéma, ça vous marque un homme.

Dans la seconde, toutes les armes se mettent en action. J'entends Kopf beugler :

« Halte au feu. »

Un lourd silence s'abat.

Cloué au sol dans la gadoue, sans la moindre velléité de me redresser, je sens, à chaque respiration, un bouillonnement sortir de ma poitrine. Le coup tiré à bout touchant a perforé le poumon, j'en suis sûr. Dans un réflexe qu'on nous a enseigné – les militaires prévoient tout –, je crispe ma main sur la blessure. Des bulles chaudes éclatent entre mes doigts dans un drôle de crépitement. Curieusement, je souffre à peine.

Autour de moi, les gars se rassemblent, Kopf en tête qui, me connaissant farceur, croit un instant à une simulation et lance :

« Arrête de faire le con, c'est plus marrant maintenant ! »

Le faisceau de sa lampe torche balaye la scène… Du sang… Beaucoup de sang. Il juge vite la gravité de la situation et, exemplaire de sang-froid, part comme une flèche à travers la campagne chercher un hypothétique secours.

Il réapparaît une demi-heure plus tard avec un G.M.C. trouvé miraculeusement à un kilomètre de là et appartenant à une section des transmissions en exercice dans le même secteur.

Celui qui devait être ma victime raconte :

« J'ai entendu du bruit, des craquements de branches, alors j'étais sur mes gardes. »

Le lieutenant, qui suivait en touriste, m'avait donc trahi !

Moi, dans le cloaque glacé, immobile, je sens la vie foutre le camp sur la pointe des pieds, discrète. Les voix s'éloignent... deviennent inaudibles... Je fais un effort. Quel effort ? Je ne saurais le définir, mais les voix reviennent... et disparaissent à nouveau pour n'être plus qu'un chuchotement. Comme du fading. On me porte, on me charge dans le camion.

« Salut, les gars... Je suis foutu. »

M'entendent-ils ? Me répondent-ils ? Ils sont si loin... je les vois de plus en plus loin... des ombres, seulement des ombres qui reculent... qui se rapprochent un instant... pour s'évanouir définitivement.

Et toujours ce gargouillis angoissant qui sort de ma poitrine et ce liquide chaud et visqueux qui traverse ma main tétanisée sous mon bras gauche.

Quelques minutes encore, je perçois le cahotement du véhicule brinquebalé sur le terrain défoncé, raviné... Je ne vois plus, je n'entends plus.

La fin est là, toute proche. Elle a pris son temps, comme si elle voulait que je me prépare. Alors j'ânonne un banal testament à l'oreille de Kopf collé contre moi... Ma mère, ma fiancée, les copains... et meurs le plus tranquillement du monde. Exsangue.

C'est aussi simple que ça, la mort. Faut pas en faire un plat !

En revanche, le retour à la vie, quel calvaire ! Un long et pénible calvaire, une dure épreuve physique et morale qui laissera à l'âme de profondes cicatrices.

« Ma mort », elle, je l'oublierai.

Celui qui me tira dessus écopera de quinze jours de tôle et moi de vingt semaines d'hôpital !

J'ouvre les yeux, et le monde qui m'entoure ondule dans une blancheur floue, irréelle. Une silhouette déformée, ridicule, déjà vue à la galerie des Glaces, passe devant moi. Ma mère, me semble-t-il.

Petit à petit, un puzzle de sons et d'images se reconstitue.

Une nuit froide... La déflagration effroyable... Un bouillonnement tiède sous l'aisselle... La vie qui file entre les doigts... Le noir, le silence, le néant... Et maintenant, ces murs blancs brouillardeux... Ces bocaux pendus, ces tubulures... Une chambre d'hôpital ?

Je devine, plus que je ne la vois, une infirmière qui s'approche à ma droite puis se penche tout près de mon visage. Elle semble jeune et jolie. D'une voix douce, presque câline, elle explique :

« Vous êtes sous une cloche à oxygène... Vous avez été gravement blessé, mais tout va bien à présent. Il ne faut surtout pas bouger. »

Comment le pourrais-je, pieds et poings liés ?

Je sors du coma. L'accident remonte à trois jours. Transporté en ambulance de Châlons à Nancy, je me suis permis un arrêt cardiaque de quelques minutes à mi-parcours. L'ambulancier avait déjà fait demi-tour quand le jeune médecin accompagnateur tenta, sans conviction, une intracardiaque (« un échantillon d'un produit à l'essai », me confiera l'ambulancier retrouvé six mois plus tard)... et les battements repartirent.

Quand ce n'est pas le jour !... Après une telle aventure, après cette improbable victoire de la vie sur la mort, on pourrait s'attendre à une explosion de joie, violente, démesurée. Rien de tout cela. La souffrance qui survient très vite me prive de jouir d'un bonheur unique, exceptionnel. Suis-je seulement heureux d'exister ? Je vis, mais je m'en fous.

Durant plusieurs semaines en soins intensifs, affaibli, décharné et toujours en danger, je reste confiné, seul, dans cette chambre d'où mes prédécesseurs – je l'apprendrai plus tard – sortirent tous les pieds devant. On l'appelle la « chambre mortuaire ».

Jusqu'alors, en sursis, je passe pour l'exception confirmant la règle. Mais la partie ne semble pas gagnée. Les visages et les dialogues des médecins qui se succèdent à mon chevet, sans aucune discrétion ni aucun ménagement, n'inclinent pas à l'optimisme. Ces messieurs ne font pas dans la dentelle. Mais au moins je sais à quoi m'en tenir.

Le chirurgien, à qui je dois d'être là mais qui ne s'en vante pas, me décrit par le menu l'intervention non sans quelque fierté professionnelle. Thoracotomie... quatre ou cinq côtes sciées... de la boue, des esquilles de bois, du tissu dans la plaie pulmonaire large comme la main... mon cœur qui bat sous ses doigts... etc. Je l'écoute, absent, comme s'il me parlait d'un autre.

Il sera assassiné quelques mois plus tard, à l'hôpital d'Alger, le bistouri à la main.

De temps en temps, une tête et des béquilles apparaissent par l'entrebâillement de la porte : un curieux qui vient voir le miraculé. Il me regarde un très court instant, les sourcils haut levés, et repart, sans un mot. Ma binette ne doit pas inciter à la conversation.

Les jours et les jours passent.

Mauvais présage ! L'aumônier, silhouette du porte-drapeau de la Légion, barbu, carré, l'œil bleu acier, mais d'une affabilité contrastante, me rend visite, une bible impressionnante sous le bras. Avant que je n'aie le temps de l'informer de mon athéisme rédhibitoire, il ouvre le Grand Livre sacré et, stupéfaction, en sort un flacon et deux verres.

« Je fais comme les missionnaires, j'appâte. »

Et de me servir un doigt de whisky... Sa façon à lui d'annoncer que la guérison approche. Il s'en faut d'un rien que je ne saute du lit.

Dès lors, les courbes, sur la feuille de soins collée au mur, tendent vers la normale. On me sèvre définitivement de la bulle à oxygène. Les violentes douleurs insupportables des premières semaines s'estompent. Le sourire et les mains délicates de « Miss », la très belle infirmière aux petits soins pour moi, accélèrent mon rétablissement. Elle me gratifie – intentionnellement ou non, peu importe – d'attentions délicieuses et stimulantes, entre autres son décolleté ouvert généreusement quand elle se penche bien bas sur le lit. Sa médecine à elle. Ajoutez à cela, en complément d'un traitement déjà sévère, un verre de volnay – caprice auquel mes parents durent satisfaire –, une coupe de champagne offerte par l'hôpital (les militaires savent vivre) et, autre toquade de femme enceinte, des pommes calville pour accompagner chaque repas. Tous ces ingrédients réunis entrent en synergie et je reprends vite du poil de la bête d'autant que mon appétit rabelaisien m'a rejoint.

Au bout d'un mois, dopé par ce régime, je tiens enfin sur mes jambes comme un poulain nouveau-né, certes, mais je tiens et, rasant les murs, je quitte mon isolement. Ce que je découvre me terrifie. Dans un immense dortoir, haut de quatre mètres, cinquante blessés, horriblement mutilés, s'alignent, serrés côte à côte. Gueules cassées, manchots, éventrés, culs-de-jatte, tous moignons hors des draps, exhibés, brandis comme des trophées. Ils sont là, prostrés ou vociférant, rescapés d'attentats, bavures de victoires, caricatures de guerre. L'horrible et pathétique tableau me liquéfie. Ils parlent tous et en même temps. Le verbe est haut, agressif, amer, révolté. Deux gisants, comme des jumeaux muets, regardent fixement, vers un plafond qui n'existe pas, le ciel rouge sang d'un quelque part en Kabylie. Leurs visages pétrifiés ont la pâle froideur des saints du Greco.

Je déambule d'un châlit à l'autre. Je fais le tour de la souffrance… Moi, entier, presque indemne, presque honteux !

L'un d'eux, survivant brisé, désormais inutile, meurtri dans son cœur, jettera sa médaille à la figure d'un général venu le décorer… à domicile. Crachant par terre, il s'écriera :

« Votre médaille de merde, je m'en tamponne… Rendez-moi mes jambes, salaud ! »

Cette aumône dérisoire, distribuée du bout des doigts, cette cérémonie malsaine, déplacée, ridicule et les mots creux qui l'accompagnent allument en moi un premier feu de révolte anarchiste, balayant en une fraction de seconde toute ma foi militaire.

Blessures, honneurs ou mort étaient certes prévus au programme. J'avais choisi… oui… mais sans savoir. Sans savoir par exemple qu'il existe des sacrifices tels que leur récompense ne peut être qu'une injure.

En juillet, l'armée me renvoie à la maison, invalide, réformé, pensionné en bonne et due forme, avec quinze kilos en moins, un poumon déchiqueté, la respiration d'un phtisique et un bras gauche pendant lamentablement le long du corps, laissant le petit doigt toujours sur la couture du pantalon. Dernier vestige de mon passé. Tout cela pour avoir fait le Tartarin en jouant à la petite guerre !

Convalescent chez papa et maman, je retrouve le plateau de Langres, ma terre natale. Une pauvre terre, mais comme elle est natale, je l'aime. Dieu qu'il y fait chaud, sur ce plateau, en plein mois d'août, surtout quand le souffle vous manque !

À perte de vue, des friches rocailleuses n'offrent au regard et aux moutons qu'une herbe rase, jaune et rare, souvent bien sèche dès la fin juin. Par-ci, par-là, un bouquet de pins noirs, des genévriers épars, des buissons d'épineux et de prunelliers, quelques bosquets de noisetiers et de chênes étiques griffent ces mornes étendues. Sans obstacle, la bise glaciale d'hiver ou le vent brûlant du sud, la bride sur l'encolure, balayent ces proies faciles. Mais aussi, et à toutes saisons, landes apaisantes, propices au rêve, parce que austères et silencieuses.

Mes friches ne valent rien, ne servent à rien, et pour ces deux raisons elles sont inestimables. En été, c'est au petit matin qu'il faut les parcourir, les respirer, lorsque le soleil commence à réchauffer une fine rosée qui exhale le délicat parfum du serpolet, régal des garennes et des capucins. Dès le début de l'automne, pour se faire pardonner leur manque d'hospitalité, elles se couvrent de petits gris, de lactaires délicieux et sanguins, de marasmes, de clitocybes : leurs seules richesses. Je n'en suis pas fier outre mesure, de ces friches miséreuses, mais je m'y sens chez moi, libre, car aucun barbelé ne les interdit. C'est donc vers elles que je me dirige aujourd'hui, non pas pour y flâner sans but, comme souvent jadis, mais pour réfléchir sur demain.

Demain ! Me suis-je seulement une fois inquiété de demain ? Mon avenir, tracé de longue date, me souciait peu. Mais voilà ! il me fait faux bond et sans crier gare.

Militaire. Je voulais être militaire, vocation quasiment intra-utérine. Le conflit qui couvait avant ma naissance, la drôle de guerre, se déclara l'année suivante. Puis ce fut l'Occupation, la débâcle, la vie de réfugié dans la Montagne noire, le retour au pays, la Résistance, les réunions nocturnes des maquisards à la maison, la peur, « Ici Londres », la haine du Boche, la Libération. Mon enfance bercée par cinq années de guerre se prolongea logiquement, à douze ans, chez les enfants de troupe, tremplin pour une belle carrière de soldat. Pas le temps d'imaginer autre chose. Pas les moyens non plus de prendre un autre chemin. Les études secondaires dans un lycée coûtaient cher, trop cher.

J'entrai donc à l'école militaire préparatoire la plus proche, celle de Billom, pot de chambre de l'Auvergne, à quatre cents kilomètres de mon village. Loin, bien loin du cocon familial douillet et sécurisant. C'est un couvent du XIIIe siècle reconverti par Napoléon en caserne austère et glaciale. La centaine de gosses qui compose la promotion « De Lattre de Tassigny » va vite découvrir une discipline à la fois militaire et jésuitique : les brimades des anciens ; le maniement d'armes en hiver par moins dix degrés et les doigts qui collent au métal ; le clairon brutal qui, à l'aube, arrache du sommeil ; le « décrassage » à 6 heures du matin dans la neige, le vent glacial ou la pluie, en flottant et espadrilles ; l'étude avant le petit déjeuner et après la soupe du soir ; le lit au carré chaque matin ; les revues de détail à n'importe quelle heure de la nuit, dure sanction, et souvent pour des peccadilles ; le courrier censuré ; les longues marches forcées du dimanche ; le close-combat ; des profs exigeants, jamais absents ; une seule douche le jeudi par fournées de vingt avec, au hasard, eau froide ou bouillante ; le sport obligatoire ; la messe obligatoire ; une « bouffe » à vomir ; l'astiquage des parquets au cul de bouteille ; le nettoyage manuel des « chiottes » au fond de la cour, débordantes d'excréments ; les défilés en colonnes par quatre les jours de gloire ; les vacances trois fois par an et pas pour tous ; des sous-offs musclés, des sous-offs sadiques ; les humiliations ; l'injustice ; l'homosexualité ; la loi du plus fort... J'égrène en hâte le chapelet de nos galères dont chaque grain écorche encore l'âme de ceux d'entre nous qui subirent et ne supportèrent jamais ce régime qu'ils disaient carcéral.

Oui, bien sévère ce régime et dur à vivre au sortir du giron de la mère ! Alors, pour ne pas sombrer, il fallait aller chercher au fond de ses tripes une force nouvelle, inconnue parce que inutile jusqu'alors, il fallait trouver la branche, la bonne branche à laquelle s'accrocher. Il fallait tout simplement les copains, le partage, l'entraide qui fabriquent un « cœur gros comme ça » et une carapace à toute épreuve.

Fallait être un homme... un peu trop tôt ! Tous ne résistaient pas. Les plus audacieux tentaient l'évasion... pour être inévitablement repris et ramenés *manu militari*. Les regimbeurs, durement sanctionnés, baissaient les bras. Les autres déprimaient, s'étiolaient. Quant aux moins performants sur le plan scolaire, ils se voyaient mutés vers les écoles techniques de Tulle ou du Mans. On épurait pour garder les meilleurs car la gratuité des études imposait l'obligation de bons résultats. Une jeunesse aussi rude et tourmentée, mais riche, laisse indéniablement des traces, mais peu de stigmates, puisque rares sont ceux qui, après quelques décennies, l'évoquent avec amertume.

Pour barbare et inhumain qu'il puisse paraître aux yeux des éducateurs d'aujourd'hui, ce dressage à la cravache nous inculqua le culte de la camaraderie, du dévouement pour l'autre. En somme, de la solidarité, cette valeur essentielle, voire indispensable à la survie de notre société et que celle-ci ignore à telle enseigne qu'il faut, aujourd'hui, l'intervention du politique pour l'imposer.

Elle nous apporta aussi, cette adolescence, une force morale pour « faire face » et « ne pas subir », nobles devises empruntées à d'exemplaires soldats dont on nous rebattit les oreilles afin qu'elles nous habitent *ad vitam aeternam*. Ainsi, je suis arrivé à vingt ans, solide comme un roc, blindé contre la souffrance physique et morale. Je n'ai peur de rien ni de personne. Mais qu'est-ce que je connais d'ailleurs, des autres, de la vie ordinaire ? Qu'est-ce que je sais faire ? Pour tout bagage, je n'ai qu'une espèce de droiture d'âme dont la valeur dans le nouveau monde que je découvre n'a peut-être même pas cours…

Je suis ce fauve captif et assisté qu'on relâche dans la jungle.

« Les vocations manquées déteignent sur toute l'existence », nous dit Balzac, et Balzac ne dit pas n'importe quoi. Alors je suis tenté de le croire.

Quand, adolescent, on a écrit son destin bien au-delà du prologue, jusqu'à des gloires accomplies de soldat, rêves secrets, aboutissement d'une ascension promise, on ne peut, sans un grand désarroi, se retrouver devant le spectre de la première page blanche d'un nouveau futur à inventer. À cause d'une ornière sur un chemin d'idéal !

Mon imaginaire à usage unique n'a laissé qu'un vide. Au fond du trou : la détresse, la déprime. Je les vis. Rester au bord du gouffre, au bord du noir, saisir le moindre signe porteur d'une infime vision de lendemain clair... L'espoir. Ce déclic que l'on guette au détour des idées quand elles existent enfin.

Pas d'idée, pas d'espoir, je patauge dans mon passé au risque de m'y engluer... Devant moi, qui court jusqu'à l'horizon, couverte de « pierres de lune », la lande, sauvage comme une muse salvatrice, m'entraîne vers une voie inconnue, un voyage intérieur... La méditation. Une image floue se dessine, puis les contours se précisent. Je me découvre. Je fais enfin ma connaissance au moment opportun où j'ai grand besoin de moi.

Dans quelques semaines, je vais devoir m'assumer. Cette obligation morale et matérielle prend vite le pas sur ma dérive nostalgique et morbide, excusable mais stérile. Par amour-propre ou par nécessité, à vingt ans, on ne reste pas à la charge de ses parents. C'est inscrit dans mes gènes comme dans ceux de toute ma génération qui porte le même héritage. Déroger à ce principe, quelle honte !

Ne sachant rien faire de mes dix doigts, sinon peindre et jouer de l'harmonica, les ouvertures sur une vie professionnelle paraissent bien étroites. Ainsi, l'inventaire de mes compétences m'amène à conclure que seul, pour l'instant, l'enseignement peut s'accommoder de cette indigence. Et... inch Allah !... Toute une philosophie dans une exclamation. La philosophie de ceux que je devais et souhaitais même combattre.

Je rentre.

Sans les avoir guidés, mes pas me conduisent vers ce bosquet touffu où, l'an passé, sous ce même soleil, j'ai connu Michèle, intimement. Blessé, je reviens au gîte, par instinct, là où, frémissant, je devine l'empreinte de nos corps dénudés, où je vibre encore sous ses caresses, où je sens son ventre chaud, sa bouche humide, là où je vécus, dans ce rond d'herbe verte, un instant d'amour ineffaçable.

Venant de loin, incontrôlable, à nouveau se réveille dans mes tripes ce fourmillement étrange qui ressemble à la peur, hier jouissance, aujourd'hui torture. Souvenir qui poignarde et ouvre une autre plaie, profonde, qui, elle, ne cicatrisera pas. Comment voulez-vous ?

Elle avait juré amour et fidélité avant l'accident. Il n'y avait, il n'y aurait jamais que moi avant l'accident. Avant ce 3 mars, je fêtais chaque instant de ma vie avec elle. Nous ne parlions que de nous, que d'amour, avec des mots passionnés, des mots exagérés, des mots que l'on écoute avidement parce qu'ils chantent, parce qu'ils soûlent comme une drogue, des mots qui ne veulent rien dire, des mots de comédie, dialogues dérisoires de théâtre... des mots qui se sont tus... Je suis en manque. Elle a baissé le rideau, sans explication. Dernière séance.

Je crois bien qu'en cette minute de douleur intense que majorait certainement ma détresse, si j'avais eu la foi j'aurais prié, ardemment imploré l'aide du Tout-Puissant et de tous ses saints. J'aurais d'abord fait cela et peut-être rien que cela. Athée, seul, je me suis tourné vers moi et j'ai fouillé au tréfonds de mes tripes, là où se cache le courage. J'ai recruté mes dernières forces, celles que j'allais chercher hier pour finir un match, sortir du terrain, fourbu, vaincu parfois, mais la tête haute en entrant dans les vestiaires… Tu sues, tu t'affales sur le banc, tu craches, tu pleures de joie ou de tristesse, jamais de honte. J'ai tourné les talons et fui cette herbe verte qu'épargnent encore les ronces.

Un autre match commence pour moi, un match dont les règles m'échappent. Si règles il y a ! Tandis que je m'interroge sur mon devenir et me désespère d'être, somme toute, un bon à rien, mes camarades crapahutent en Algérie. L'idée de les retrouver à Batna, à Constantine ou ailleurs et d'apporter ma contribution à la cause commune me trotte dans la tête. Je sais que les SAS recrutent, entre autres, des enseignants. Ces Sections administratives spéciales jouent un rôle important et pacifique en épaulant les collectivités locales ; de plus, les volontaires ne se bousculent pas au portillon, ce qui m'autorise quelque espoir d'être retenu.

Je ne me pose pas la question de savoir si j'ai le droit d'infliger à ma mère un second traumatisme, alors que le premier la bouleverse encore et la bouleversera toujours.

« N'as-tu pas assez donné ? » me souffle-t-elle.

Marqué au fer par huit ans d'embrigadement, imprégné jusqu'à l'inconscience d'une unique culture militaire, j'ignore qu'il existe une alternative au devoir imbécile. J'ignore aussi ce que libre arbitre veut dire.

La réponse à ma candidature ne tarde pas. L'Éducation nationale a besoin de moi en métropole, pas en Algérie, et mon affectation me sera communiquée prochainement. La famille pousse en chœur un « ouf » de soulagement et moi un « merde » de frustration pour cette réponse inattendue.

Mon autonomie ne dépasse guère deux cents mètres. Les jambes molles et le souffle court, je dois fractionner mes promenades pour récupérer, tels ces vieillards avec lesquels je partage, dans les rues du village, le banc où je m'assois.

Des femmes, au passage, me reconnaissent tant bien que mal puis, après une hésitation, s'approchent et me dévisagent avec une curiosité gênante. Leur mine étonnée et déconfite en dit long sur ma décrépitude physique. Affables mais mal à l'aise, elles mettent de la retenue dans leurs propos et ne s'éternisent pas, d'autant que mes silences les dissuadent de poursuivre.

Je suis ailleurs.

Lorsque, entre elles, sur le coup de midi, elles se retrouvent chez l'épicier, les commentaires vont bon train :

« Vous avez vu, m'ame Monot, le fils Collin ? Mon Dieu, dans quel état il est... C'est tout juste si je l'ai reconnu. Vous croyez qu'il s'en sortira ?... Je serais sa mère, je m'en ferais, des cheveux... »

Les campagnes où il ne se passe rien raffolent de rumeurs et de drames inventés pour pimenter une vie monotone, sans histoires, sans intérêt. Mon aventure fut l'aubaine qui alimenta le qu'en-dira-t-on le temps d'un été et les commères à la langue fourchue, riches de mots qui font mal, se régalèrent. Elles jouissent, ces vipères, d'un don satanique qui métamorphose l'incident en tragédie, le beau en laid et le bien en mal. Et celui qui a la faiblesse de les entendre finit par dire : « Il n'y a pas de fumée sans feu. » Ainsi naissent les cancans dévastateurs.

Seuls les vieux qui en ont vu d'autres en 1914 savent de quoi ils parlent et comment en parler. Ils me prennent par les épaules avec commisération et tendresse, Gaspard tout particulièrement :

« T'as eu chaud, mon gars, à ce qu'il paraît. Tes parents m'ont raconté... et en plus, c'était dans les journaux... Faut s'en méfier, des journaux, soit dit en passant. Y z'ont écrit que t'étais mort et en se trompant de prénom. T'as qu'à voir... Tiens, si ça peut te remonter le moral, le Ronot de la Ruisenet, il a été blessé tout pareil dans le poumon et le ventre je crois bien, au Chemin des Dames.

Mais lui, il y est resté. Tu penses qu'on avait que ça à faire de le sortir de son trou ! Pauvre diable… là, à côté de moi, bon Dieu !… Sans rien pouvoir faire… Il a gueulé toute la nuit… Je l'entends comme si c'était hier… Bon Dieu de bon Dieu… Je serais toi, je peux te dire que j'en profiterais drôlement. Tout ce que tu vas vivre maintenant, faut te dire que c'est du rabiot. La vie va te sembler belle… Tu verras… Sacré veinard ! Allez, viens, on va arroser ça. »

Et il essuya deux larmes.

Lui, le sage d'entre les sages du village, en profita. À sa manière. On dit qu'il prit une telle cuite le jour de l'armistice qu'elle dure toujours. Et les milliers de chopines ingurgitées depuis, loin de lui faire oublier la ligne bleue des Vosges et les horreurs des tranchées, n'ont fait que les amplifier dans sa mémoire torturée. En revanche, personne ne l'entendit jamais prononcer un mot de haine envers son ennemi d'alors. Le pardon est le propre de la sagesse, pas l'oubli. À court d'énergie, il me reste à peine de quoi grimper l'escalier du *Café Paul*, mais je n'ose lui refuser cette offre du cœur.

L'air du pays, un environnement chaleureux et des petits plats mitonnés me requinquent, du moins en apparence, car tout effort prolongé m'anéantit.

Parallèlement, les jours, qui pourtant raccourcissent, me semblent de plus en plus longs. Le temps n'en finit pas de passer. L'oisiveté, qui n'est pas mon fort, a sa part dans mon impatience. Elle me ronge et me rend irritable. La cassure, trop stupide, trop brutale, devient insupportable, inacceptable. J'attends la fin de cette interminable convalescence. J'attends la rentrée, mon salut.

Classe unique pour le novice

Aussi facilement que Renault embauche le premier émigré africain venu, l'académie m'intègre d'emblée dans ses rangs. À Auberive, à l'ombre d'une abbaye cistercienne qui menace ruine à deux pas d'une statue d'André Theuriet, je remplace, le temps de deux dictées et d'une table de multiplication, un collègue qu'une poignée d'élèves a fait tourner en bourrique bien avant les vacances. Depuis, il tente de retrouver ses esprits dans une maison de santé, sous les verts sapins des pentes vosgiennes. Un site idyllique qu'il semble avoir peine à quitter. Cet instituteur moulé à l'école normale, dynamique et expérimenté, ne put boucler l'année et craqua, psychologiquement détruit.

Je n'en mène donc pas large lorsque j'arrive à la modeste pension de famille où, la veille de la rentrée, j'ai trouvé refuge, mais pas le sommeil.

Si dans mon court passé je dus maintes fois faire face à de difficiles épreuves, jamais je n'ai ressenti avec autant d'intensité cette angoisse au creux des entrailles qui, depuis que le réveil a sonné, s'amplifie jusqu'à faire remonter à la glotte la toute petite tasse de café que je pus ingurgiter.

Elle est d'autant plus insupportable, cette peur, qu'extérieurement, rien ne doit la trahir. Il faut à tout prix garder le geste lent, le visage impassible et détendu de l'homme serein, même si, à l'intérieur, le cœur bat la chamade et le souffle manque. Je mobilise mon self-control et répète gestes et attitudes devant la glace. Le comportement, un peu raide, exigerait bien une retouche mais je passe outre, par manque de temps. Le défaut insignifiant persistera donc, qui ne devrait pas m'empêcher de faire bonne figure si tout reste en l'état.

À l'entrée de la cour, je salue la première collègue qui se présente, la directrice de l'école en personne, et là, l'élocution, oubliée dans la check-list, patine. Amusée, Mme la directrice traduit mon bafouillage et me souhaite la bienvenue, tout en me guidant par le bras vers ma classe, celle des grands.

Le début de matinée, consacré traditionnellement aux seules et banales présentations, permet surtout d'ouvrir une petite soupape qui ne laisse échapper qu'un mince filet d'angoisse. Une soupape ridiculement insuffisante. J'observe, tout en recouvrant en partie ma diction, que les enfants se montrent plus prompts à maîtriser la situation ; d'ailleurs, lorsque la sonnerie, qui tardait, annonce la récréation, ils ont un train d'avance sur moi. Détendus, ils se ruent sous les tilleuls dans une joyeuse envolée. Moi, je ne me sens pas encore tiré d'affaire. J'attribue ce décalage au handicap dont je pâtis : c'est ma première participation à cette épreuve. Pas pour eux !

Seul et sans témoins, derrière le bureau de la classe désertée, je vérifie le principe de la réaction qui succède à l'action. Jambes et mains s'agitent à nouveau dans un tremblement que je croyais maté. Une petite sueur froide agaçante dégouline le long de l'échine… Passif, je reste planté, attendant que cesse le phénomène… La gorge se dénoue… Les paumes s'assèchent… Cœur et poumons retrouvent un rythme de croisière.

La seconde et dernière vanne s'ouvre et vide le reliquat de stress. Tout est calme. Fin de l'alerte, je sors de l'abri. Dehors, une brise tiède, apaisante, la tape amicale d'un collègue, des mots ordinaires échangés suffisent à effacer le rien qui me tourmentait encore. Serait-ce le signe précurseur d'une intégration annoncée ? La mort m'a frôlé en me laissant de marbre, et voilà trente gamins qui me mettent sens dessus dessous ! Le gros orage éloigné, la petite pluie qui suit est bien agréable. Il est des émotions rares qui sont des privilèges pour qui les a connues.

Mon baptême du feu à peine éteint, je dois quitter ce village forestier, propret, pittoresque et chargé d'histoire. L'académie propose de m'expédier plus au nord, loin de ma base, au cœur de la Champagne pouilleuse. À Bricourt. Mais où donc peut bien nicher ce trou ?

Nous ne sommes pas trop de trois pour scruter attentivement la carte Michelin. Mon père, dans une joyeuse exclamation, pointe enfin un doigt victorieux sur Bricourt. Si une carte permet de situer un lieu avec précision, elle laisse néanmoins à l'imagination le soin d'habiller le site. Laisser libre cours à celle-ci et lui accorder quelque crédit est le meilleur moyen de tomber des nues quand on rencontre la réalité.

J'accepte de bon gré cet exil car mes quinze premiers jours dans l'enseignement, loin de me rebuter, excitent au contraire ma curiosité et le désir de prolonger cette trop courte expérience qui me laisse sur ma faim. Aurais-je si vite contracté le virus ? Le temps de raconter aux miens les premières péripéties professionnelles de mon passage éclair à Auberive et, enthousiaste, je boucle ma valise pour rejoindre ce nouveau poste, définitif, puisque vacant.

Quinze jours de pataugeoire et « floc » dans le grand bain, celui où l'on n'a pas pied. Sûr de moi et confiant, j'affirme à qui veut l'entendre : « Le plus dur est derrière moi, la suite sera une formalité. »

Lunik 2 se pose sur la Lune en douceur mais fait grand bruit. Nous partons juste après.

Un paysage de collines molles défile, ondulation verte qui me fait m'assoupir. Une imperceptible appréhension grandissant au fil des kilomètres me tire de ma somnolence. Je dois me rendre à l'évidence : l'angoisse est à nouveau au rendez-vous. Moi qui me croyais vacciné contre le trac du débutant ! Un rappel s'imposerait-il ? Nous roulons depuis deux heures. Au loin, la forêt des Dhuys annonce la Boisserie, belle demeure dans sa vigne vierge, mais bien modeste, pas à l'échelle de l'homme prestigieux qui l'habite. Curieux, mais pas impatient de savoir ce qui m'attend, je trouve que nous approchons bien trop vite de notre destination, espérant secrètement quelque avarie. Vainement.

Finalement, la vieille Peugeot (poussive mais conduite par mon père avec dignité) croise une minuscule et pitoyable pancarte, toute de guingois, où l'on a bien du mal à lire *Bricourt*. En avance sur l'heure de mon rendez-vous avec M. le maire, nous en profitons pour faire le tour du propriétaire.

Sur la route criblée de nids-de-poule, de l'un à l'autre desquels la guimbarde saute, nous progressons par bonds le long d'un parapet derrière lequel le ruisseau, en contrebas, se charge progressivement d'objets divers. Cercles de tonneaux, boîtes de conserve, branches envasées saccagent cette petite rivière, si avenante en amont. De l'autre côté de la rue, les maisons, des fermes pour la plupart aux façades plus ou moins décrépies, s'alignent tristes et sales au fond des cours où trônent les tas de fumier. Nous revenons sur nos pas pour traverser la rivière. Au-delà du pont, plus une trace de goudron mais une rue empierrée, ravinée, pentue qui passe devant le lavoir, l'école, le cimetière, puis aboutit à l'église. Une sobre et austère église du XIIe, curieusement dépourvue de clocher. Je me dis qu'*a priori* le village ne le mérite pas.

Une ruelle adjacente, également empierrée et plus défoncée encore, dessert plusieurs maisonnettes en pierres sèches. Deux corniauds rôdent ; pas un commerce ; personne. Le village ressemble à sa pancarte. Silence dans la voiture. La dérisoire appréhension qui tout à l'heure me perturbait devient désespérance. Je n'ose demander à mon père de faire demi-tour mais l'idée a germé. Je crois qu'il aurait excusé cette démission tant lui aussi paraît désappointé.

Nous dénichons sans peine la maison du maire, en retrait par rapport à l'insalubre village : c'est une ferme propre et cossue, presque insolite. M. Richard se présente. L'homme a l'élégance et la prestance de sa demeure. Il nous guide vers un salon Louis XV de bon goût et pas tape-à-l'œil, où femme et enfants, en demi-cercle, semblent nous attendre. Toute la famille est sur son trente et un, en habit des dimanches, s'il vous plaît, bien que nous soyons samedi.

À peine sommes-nous installés que Mme Richard, souriante et empressée, apporte sur la table basse petits-fours, jus d'orange, thé et café tandis que M. le maire, après avoir présenté ses deux petites filles – mes futures élèves –, entame, magistral, ce qui sera, je le sens, un long monologue.

Ses premières paroles passent à la trappe car mon esprit s'éloigne et s'interroge... Cette démesure dans le cérémonial et l'affabilité de l'accueil conviendraient pour un notable ou quelque personnalité chère sur le plan électoral à M. le maire, pas pour ce petit instituteur en herbe sorti par enchantement du chapeau de l'Éducation nationale et qui n'a pas encore rang de maître d'école. Une telle débauche d'attentions me paraît suspecte !

Dans ce coin de l'Est, traversé sans cesse au cours des siècles par des hordes d'envahisseurs, on n'ouvre pas grand les bras au « premier ostrogoth venu », même s'agissant du second personnage de la commune, en concurrence avec le curé, selon que celle-ci penche à gauche ou à droite. L'autochtone laisse venir, reste longtemps réservé et sur ses gardes avant d'esquisser le premier sourire puis seulement, et pas toujours, il tend la main. M. Richard, dont l'accent trahit son appartenance au cru, aurait-il une raison de faire exception à ce froid comportement ancestral ?...

Je reprends l'écoute pour entendre que depuis des lustres peu d'instituteurs avaient assuré une année scolaire complète et que l'académie laissait des blancs interminables entre les remplacements. Et l'an passé, les blancs durèrent des mois.

Se ralliant à la *vox populi*, le maire dut recourir aux services de M. le curé, qui accepta de prendre en charge les enfants dans l'école même, avec la bénédiction des parents… mais pas avec celle de l'académie, qui rua dans les brancards dans une diatribe ridicule et malvenue qui la discrédita aux yeux de la population. Son incurie persistante apportait de l'eau au moulin du maire. Soutenu par ses électeurs, et les autres, il n'avait cure des griefs dont il était l'objet.

L'école libre dans les locaux de l'école laïque ne présentait pas pour lui une situation paradoxale et encore moins condamnable car, aux murs et sur les meubles, crucifix et images pieuses le rangeaient plutôt côté école libre.

Cette sombre histoire appartenait désormais au passé puisque ma présence rétablissait la normalité. Et cette normalité allait s'inscrire dans la durée, foi de maire. Nouvellement élu, il avait promis de tout mettre en œuvre pour garder son instituteur. Ce qu'il traduit pour moi par :

« Je me tiens à votre entière disposition. Au moindre problème, venez me voir. N'hésitez surtout pas. Quant au village, je vous en prie, ne vous fiez pas aux apparences. Il y a du cœur derrière ces vieilles pierres. La mentalité y est excellente.

Vous savez, les paysans d'ici ne sont pas ce qu'on en dit, pas du tout… Ils vous plairont sûrement, pour peu que vous les côtoyiez. Charitables, conviviaux, toujours prêts à rendre service… Les institutrices ne conviennent pas ici. Les femmes ont du mal à s'intégrer à la campagne, à la comprendre, surtout si elles n'y sont pas nées. Je connais ça avec la mienne… N'est-ce pas, madame Richard ? Pour un homme, c'est plus facile. »

En conclusion, il affirme, avec conviction, que je serai celui de la situation et, se levant de table :

« Je parie que vous allez vous attacher à Bricourt, peut-être pour longtemps… Et pourquoi pas ! Maintenant je vous invite à aller voir votre maison. »

Quel optimisme ! Quel tableau idyllique ! Aurais-je par hasard mis le pied dans l'antichambre d'un paradis rural ignoré ?

« Voici votre logement de fonction, une des plus belles maisons du village », lance-t-il, non sans fierté, en la désignant de loin.

Sur le perron d'une imposante bâtisse des années 1930, une jeune fille se tient campée, bras croisés. Le maire nous renseigne :

« C'est Mauricette, votre femme de ménage. Elle viendra quand vous le souhaiterez… Je suppose qu'elle a appris votre arrivée par le téléphone arabe. Il fonctionne mieux ici que celui des P.T.T. ! »

Rapidement, je la jauge d'un coup d'œil. La détailler eût été inconvenant. De ses chaussons écossais et fourrés émergent deux solides mollets roses joliment sculptés. Suivent une croupe et des hanches rebondies puis un poitrail agressif de la même veine, le tout emballé au plus juste dans une sobre blouse à fleurs. Franc et ouvert, le visage s'encadre dans une chevelure noire ; l'œil plissé, rieur, dévoile un rien de coquinerie.

La besogne ne doit pas rebuter cette jeune paysanne de dix-huit ans, bien en chair, dont M. le maire fait l'éloge : « Travailleuse, consciencieuse, discrète, ponctuelle, etc. » Le profil idéal de la femme de chambre introuvable dont il aurait pu parfaire le portrait en ajoutant : pas farouche. Un trait que mon instinct dépiste sur-le-champ, appréciable pour qui recherche les solutions de facilité.

Visiblement, M. Richard tente de me vendre, clefs en main, une école, des services et un environnement humain attrayant. Mauricette, je n'en doute plus, entre dans son argumentaire. Je salue ma future « technicienne de surface » – comme on dit hypocritement aujourd'hui – dont les arrière-pensées crèvent les yeux. Elle me serre la main et, curiosité satisfaite, s'éclipse.

L'entrée de la villa, large, carrelée de blanc et de noir, distribue à gauche une grande pièce, à droite une autre pièce plus grande encore. Un escalier de bois sombre mène au premier étage, réplique du rez-de-chaussée.

Pas un meuble, pas une chaise, des papiers peints jadis de couleurs, pas de chauffage mais, dans chaque salle, une cheminée de marbre gris veiné de blanc, étroite, plus décorative qu'efficace. Une odeur de renfermé, pour ne pas dire de moisissure, s'ajoute au dénuement glacial et spartiate qui découragerait même un bénédictin masochiste.

Non sans peine, j'ouvre une fenêtre dilatée par l'humidité et découvre un petit jardin clos d'un haut mur croulant sous une vigne vierge dense. Au fond, dans un angle, une cabane branlante : les commodités. Soit une planche – que l'on espère pas piquée des vers – percée d'un trou et disposée au-dessus d'une fosse d'aisances nauséabonde parce que aux trois quarts pleine. La porte, à cause d'un fort gauchissement, ne ferme plus, d'autant qu'un lierre musclé en emprisonne les gonds. De surcroît, l'accès à cet édicule moyenâgeux, et néanmoins incontournable, représente une épreuve de steeple tant l'herbe est haute et encombrée d'objets plus ou moins apparents. Le maire me rassure :

« Le cantonnier remettra tout cela en ordre. Le pauvre est en arrêt maladie… le foie. »

Après une réception chaleureuse et encourageante, cette visite rafraîchit l'atmosphère.

De retour dans la première pièce après avoir décrotté les chaussures sur le grattoir, je tombe en arrêt devant la pierre d'évier enfoncée dans un placard borgne, sans pompe à eau. Je questionne :

« S'il me venait l'idée de me laver ?... »

Le maire ne me laisse pas le temps de poursuivre.

« Non, la maison ne dispose pas de puits mais nous allons vous installer l'eau courante... Oui, je dis bien l'eau courante... Un bac en zinc au-dessus de l'évier qu'il suffira de remplir de temps en temps. Le puits n'est pas loin... entre l'église et le cimetière. J'attendais votre arrivée avant de faire fabriquer ce réservoir. Ce sera l'affaire de quelques jours. »

Cimetière et puits vont de pair, c'est bien connu !

Les Russes tournent autour de la Lune, les Américain, réalisent le premier laser à rubis et inventent la pilule, nous lançons le paquebot *France* et faisons péter la bombe A à Reggane... Et moi je n'ai pas d'eau sur ma pierre d'évier !...

J'accroche le regard inquiet du maire qui arrive, à cet instant je suppose, à l'ultime épreuve éliminatoire de ce parcours initiatique. Je jurerais que dans le secret de son âme catholique il entre en prière pour que le Divin l'assiste et me fasse passer outre à cet obstacle. Car obstacle à venir plus dissuasif ne peut s'imaginer.

Nous atteignons, quant au logement, le sommet dans l'escalade des déconvenues. Mes parents qui suivent la procession sans dire mot, mais en hochant la tête à tour de rôle, me prennent à part. Dans ses petits souliers et le dos rond, M. le maire s'écarte opportunément en catimini vers la porte.

« Je reste », annoncé-je.

Le maire sursaute, mes parents aussi.

Une seule raison me pousse en hâte vers cette décision, non pas la prometteuse Mauricette, joker de M. le maire, mais la nécessité vitale de m'assumer.

Nous sommes trois qui communions en silence à percevoir cette résolution comme un sacrifice, simplement peut-être parce que tous les trois nous vivons toujours ce 3 mars 1959 comme une injustice et n'en acceptons pas les conséquences.

Le visage de M. Richard s'éclaire comme si de Gaulle en personne le nommait ministre de l'Agriculture. Une chaude poignée de main et il s'éloigne d'un pas assuré, en sifflotant un air de lui seul connu, pour donner ses ordres. Son devoir communal accompli, le premier magistrat dormira cette nuit du sommeil du juste.

Malgré les apparences et peut-être aussi les a priori, l'homme dégage honnêteté et sincérité. Pour cela, je me garderai bien de lui tenir rigueur d'avoir abusivement amorcé, non plus de me proposer le peu qu'il a à sa disposition. J'accorde donc mon indulgence à celui dont le rôle, dans ce village sans beaucoup de ressources, ne doit pas être facile et de tout repos.

Une heure plus tard, le secrétaire de mairie, un certain M. Pourcier, apporte sur le toit de sa Simca 8 un lit-cage, une table et deux chaises. L'homme, ou timide, ou discret, ou taiseux, ne nous concède que quelques paroles essentielles et s'en tient là. Pas loquace, le secrétaire de mairie ! Nous installons le tout, sans qu'il nous donne la main, au plus près de la cheminée, et ce luxe de mobilier habille la cellule monacale sans âme pour en faire un séjour acceptable.

Je cèle la première pierre de mon autonomie qui me donne en sus un statut, une identité sans lesquels on n'existe pas vraiment. Le déclic qu'inconsciemment j'attendais ! Plus soudaine récompense à ce que je crus être une décision sacrificielle ne pouvait se prévoir. Maintenant, la raison de poser ici mon sac n'est plus seulement alimentaire.

Mon étique trousseau de célibataire prend place dans l'unique mais vaste placard où j'entrepose également chevalet, toiles vierges, couleurs, couteaux et pinceaux. Hier passion, la peinture rétrograde au rang de violon d'Ingres. Cet été, elle avait trompé quotidiennement et efficacement mon désespoir et je sais désormais que je peux compter sur elle si d'aventure l'ennui, la solitude ou des relents d'amours blessées venaient à me gâcher la vie. Avant de sortir, je jette un regard circulaire à mon ascétique demeure et pense à mes prédécesseurs qui n'y remirent plus les pieds, rebutés qu'ils furent par tant d'inconfort.

Nous traversons ce qui de rue n'a que le nom, en compagnie de mon nouveau guide, M. Pourcier, pour prendre possession de mon outil de travail, l'école, dont il me remet les clefs. J'en bombe le torse.

C'est une grande salle jaune, haute de plafond, avec un pilier central contre lequel s'adosse un poêle à bois. Au fond, sur une estrade, trône un imposant bureau tel un poste de guet. Une douzaine de pupitres à deux places, vétustés mais à l'ergonomie plus intelligente que nos tables actuelles aux normes européennes, constitue le mobilier. Au mur pend la toujours-à-la-mode carte de France, craquelée, aux couleurs passées, mais qu'en aucun cas je ne qualifierai de désuète puisque immuable. Des restes de craies et un chiffon sale traînent sur une planchette en bas du tableau gris. Derrière : la cour spacieuse, deux W.-C. turcs et un vaste préau bien abrité... Une belle école. MON école !

Dans un tiroir, une boîte de plumes sergent-major me replonge dans mon enfance, au cours moyen, et une trouvaille me revient spontanément, qui me valut les réprimandes bien peu méritées du maître. J'enfonçais côte à côte et de plus en plus profondément huit becs de plumes dans le pupitre, au-dessous du casier. Une pichenette sur les hampes, et « ding », des sons tintaient, que j'accordais, si je puis dire, en modifiant l'enfoncement des becs. Le casier vide jouait le rôle de résonateur. Et sur ce xylophone de fortune, croyez-moi, *Frère Jacques* et *Au clair de la lune* prenaient des allures de sonate... que notre vieil instituteur n'entendait pas de cette oreille. Mais en avait-il une ?

Dehors, deux ou trois gamins en repérage rôdent à proximité et filent dans la ruelle voisine dès que nous sortons.

Vers 18 heures, mes parents décident de partir. Ils prennent tout leur temps pour gagner la voiture ; sur leurs visages, je crois deviner leur pensée : ils abandonnent leur rejeton à un bien triste sort. La Peugeot traverse le pont et s'éloigne cahin-caha. Triste sort prend tout son sens lorsque, seul, je ressens, plus évidentes encore, la froideur et la tristesse de ce que sera, pour une année au moins, mon chez-moi.

Afin de ne pas aggraver les premiers symptômes d'un découragement naissant, je sors et me dirige vers le cœur de la vie communale : le café, unique commerce de ce sinistre lieu où je pourrai, éventuellement, prendre mes repas comme l'a suggéré M. le maire. « Éventuellement » est de trop car, sans cuisine chez moi et sans commerce de bouche dans le village, je n'ai pas le choix. Il m'en coûtera mille trois cents francs par jour ; sachant que mon traitement mensuel est de quarante-cinq mille francs, que me restera-t-il en fin de mois ? La question ne tardera pas à trouver sa réponse : des dettes !... Au passage, je salue les trois éclaireurs, toujours en poste mais dont la vigilance s'est relâchée. Surpris, ils détalent pour aller au rapport.

Moins de cent mètres me séparent de l'établissement à l'enseigne *Chez Lucie*, auquel on accède par une cour déclive, en terre et gravillon, encombrée d'outils et de matériels divers. Marcel, le mari mécanicien, entretient le parc des machines agricoles de Bricourt et les vieux tracteurs Zetor jaunes et bruyants, venus de l'Est.

Je pénètre dans la pénombre d'une salle enfumée, dépourvue de comptoir. Autour d'une immense table en bois brun, trois consommateurs accoudés relèvent la tête en chœur. Leurs visages rubiconds, à la barbe drue, sous des casquettes crasseuses n'expriment rien, pas même la surprise. Les yeux aux paupières lourdes bordées d'épais sourcils en broussaille me regardent comme un instant avant ils regardaient la chopine de rouge. Des yeux fatigués, sans la moindre étincelle.

Un fourneau à bois mi-fonte, mi-céramique prend tout un angle de la pièce. Au-dessus, son tuyau noir fait un bon bout de chemin le long du mur avant de le traverser. De grandes dalles de pierres grises, fraîchement lessivées, couvrent le sol. Pas la moindre fantaisie sur les murs jaunâtres... Un café triste où, si chaleur il y a, elle est due à la seule température ambiante.

« Bonjour, messieurs, je suis le nouvel instituteur.

– B'jour », me répondent-ils en soulevant du pouce la visière de la casquette, geste qui, chez eux, doit marquer une certaine déférence.

Je m'assois en face et leur propose de boire un verre ensemble, histoire de marquer mon arrivée.

Ils ne disent ni oui ni non et, après un temps, l'un d'eux, soudain, braille d'une voix épaisse :

« Lucie, arrive par ici, y a quelqu'un pour toi… Moi, c'est Fernand. »

Je serre la main molle que me tend, réticent, mon premier interlocuteur puis celle, aussi flasque, des deux autres restés inertes et silencieux. Lucie ne répond pas immédiatement car c'est l'heure de la tétée du petit dernier qui n'est pas sa seule occupation. Lucie entretient la maison, le café, fait la vaisselle, la lessive, le repassage, les courses, les repas des pensionnaires et, de 7 heures à 21 heures, sert les consommateurs qui ont dû, en rechignant, apprendre à patienter : « Petite soif n'est pas urgente », avait décrété Lucie une fois pour toutes.

Celle-ci arrive enfin, tapotant d'une main le dos du bébé à plat ventre sur son bras. Un rot est attendu d'une seconde à l'autre.

« Ah ! C'est peut-être bien notre instituteur… Bonjour, monsieur l'instituteur… Si c'est pour le repas, vous êtes un peu tôt », m'annonce Lucie.

Grande, bien charpentée et l'air avenant, Lucie porte au coin des yeux ce petit éventail de ridules qui la fait sourire en permanence même quand la bouche est grave.

« Mais cet homme-là ne fait sûrement pas que manger, y peut aussi boire ! » objecte fort logiquement Fernand, gros ours à l'air bougon mais dont le visage affiche une bonté native qui d'emblée me le rend sympathique.

Nous attendons que le petit goinfre ait envoyé une sonore éructation accompagnée d'une gorgée de trop-plein et, enfin servis, nous pouvons trinquer à ma bienvenue. La conversation, assez limitée, tourne autour de banalités inintéressantes et je n'apprends rien sur le village ni sur les gens. Ces hommes de terre parlent rarement, se réservant le peu qu'ils ont à dire. Jusqu'à leur nom qu'ils gardent pour eux. Voûtés, les bras appuyés sur la table, ils sirotent machinalement.

Comme chaque soir, ils ont quitté leur ferme pour venir chercher dans ce refuge douillet un presque rien qui les dépayse une heure ou deux. Ils semblent être bien mais ne le font pas voir. Puis, de quelques coups de patte, ils récupèrent des brins de tabac éparpillés sur la table, les poussent dans la blague qu'ils empochent et, l'un après l'autre, sortent avec un « r'voir » étouffé, inaudible. On entend leurs sabots racler lourdement le gravillon de la cour. Ils regagnent, comme à regret, leur cuisine triste qu'un feu de cheminée allumé depuis peu égaye un brin. Après une copieuse soupe aux choux (dans laquelle ils feront chabrot) et un fromage fermier onctueux et puant, ils écouteront la « Tésèf », Radio Luxembourg, tout en fixant dans l'âtre la danse jaune des flammes. Enfin, à la nuit définitive, vers 21 heures, ils monteront se glisser sous l'épais édredon de plume. Des hommes de peine qui ne sauront jamais ce que ruralisme veut dire.

19 heures tapantes, M. Pourcier entre et s'installe à une place que nul ne lui conteste puisqu'il s'y assoit depuis des années. Lucie, prenant les devants, m'avait informé des us et coutumes de la pension, et spécialement de ceux du secrétaire de mairie, un vieux ronchon jamais content.

Je force son mutisme par une question à laquelle il se doit de répondre, ce qu'il fait avec économie, puis, il enchaîne, subitement intarissable, par des propos acerbes qu'il rumine depuis longtemps sûrement et ne peut plus retenir. De l'abcès crevé sort le pus : la jeunesse…

« Exigeants, les jeunes d'aujourd'hui… Pas toujours courageux… Il leur faut tout tout de suite : l'argent, le confort… Je ne dis pas ça pour vous puisque vous restez, mais combien de temps ? »

L'intrusion de Bébert lui coupe le fiel. Le nouveau venu, oubliant les trois marches descendantes de l'entrée, plonge dans une embardée spectaculaire et carambole la table. Je sauve mon kir *in extremis*.

Les présentations mouvementées à peine achevées, M. Devieux franchit la porte à son tour pour compléter le quatuor des pensionnaires qui, chaque soir ou presque, se retrouvent à la table de Lucie l'année durant. Ce groupuscule constituera un échantillonnage suffisamment représentatif pour m'éclairer sur la ruralité locale. Un monde dont j'ignore la moelle, n'en ayant connu que les apparences.

Fernand, qui n'a pas suivi ses partenaires de chopines, prolonge sa cure de gros rouge et nous tient compagnie pendant tout le repas. Lucie nous expliquera plus tard que le torchon brûlait avec Germaine, sa femme mais aussi une belle garce, et que le café lui apportait une petite douceur dans sa « vie de chien », comme il la qualifiait lui-même.

Et ce soir, Fernand a deux raisons supplémentaires de rester avec nous : Mauricette est sa fille et après-demain je recevrai dans la classe les deux premiers de ses quatre petits-enfants. Sa curiosité à mon égard ne fait aucun doute et me semble bien légitime.

Discrète mais l'oreille aux aguets, notre hôtesse enregistre tous les potins du village, les vrais et les faux, que son bon sens trie pour n'en restituer que ce qu'elle veut bien, tenue qu'elle se dit par le bien connu secret professionnel des débits de boissons.

Le bistrot n'est-il pas le confessionnal des oubliés de la foi ?

Je ne mis pas plus d'une semaine pour cerner assez précisément la personnalité de chacun de mes voisins de table avec lesquels je dus cohabiter jusqu'en juillet, y compris Fernand qui revint tous les soirs nous tenir la bougie.

Ah ! Fernand ! Pansu, poilu, bourru, il traîne avec lui l'odeur de l'étable à jamais incrustée dans ses braies, une odeur qui, à la longue, me devint familière et même supportable.

Pour qu'il puisse boutonner sa braguette jusqu'en haut, Germaine doit périodiquement élargir la taille du pantalon en ajoutant derrière une pièce de toile triangulaire qui finit par prendre tout le fond. Ces aménagements successifs n'empêchent aucunement les débordements d'un ventre à la Botero qui écartèle jusqu'à trépas boutons et boutonnières de l'antique chemise de flanelle grise. Et son énorme panse prend l'air, exhibant un profond nombril noir qui s'épanouit au-dessus de la ficelle de lieuse en guise de ceinture.

Chaque jour, deux ou trois fois, son imposante et puante carcasse fait le va-et-vient entre ferme et café.

Sa petite exploitation lui en laisse le temps, surtout depuis qu'il a délégué à Germaine une partie de ses pouvoirs, « comme M. le maire à son adjoint », se plaît-il à rappeler. La traite, les volailles et la soupe des cochons relèvent dorénavant des prérogatives de sa femme. Ainsi, Fernand ne reprendra le collier qu'aux beaux jours.

« Passé la cinquantaine, il faut savoir dételer pour pas forcer la mule », préconise-t-il, comme mesure préventive précoce à une fatigue probable.

Fernand, devant sa femme, serait plutôt ventre mou, et si elle accepta le marché, selon la version de Lucie, c'est qu'elle avait des choses à se faire pardonner.

« Comme ça, elle aura moins de temps pour jouer la gourgandine ! » moralise Lucie, affectée par les contrariétés conjugales de son fidèle client.

Court et trapu, Bébert, mon aîné de sept à huit ans, promène à tout vent un gros nez retroussé où la pluie s'engouffre d'où qu'elle vienne. Ce gros nez violacé qui goutte sans arrêt, il le mouche d'un ample revers de manche qui a pris au fil des rhumes quelque élégance. Et cette manche luit de morve blanche comme bave d'escargot. Alors, quand on le croise, on veille à passer sur sa gauche pour ne pas l'effleurer, précaution vaine dès lors que l'on est assis à table. Pour éviter tout risque, nous convînmes de lui attribuer une place en bout de table contre le mur sans qu'il ne sût jamais pourquoi.

Bébert arrose sa paye systématiquement et généreusement ; comme il la reçoit chaque fin de semaine, il ne voit pas le jour de tout son dimanche. Combien de fois, après l'avoir débarrassé de sa veste poisseuse, l'ai-je transporté sur mon dos jusqu'à la masure qu'il partage avec ses parents, misérables bougres handicapés, tant physiquement que mentalement, personnages de la cour des Miracles.

Je le déposais sur le seuil terreux et encombré de toutes sortes d'ustensiles, d'outils, de planches pourries. Les nuits sans lune, l'approche exigeait de grandes précautions, que Bébert ne pouvait prendre lorsque, encore capable d'orgueil, il tentait de rentrer seul, sans assistance. Généralement, ce retour osé s'achevait dans la boue, au milieu des gravats où il terminait sa nuit, été comme hiver. Là résidait probablement l'étiologie de sa goutte au nez chronique. Mon fardeau au sol, je frappais à la porte et m'éloignais, me refusant d'assister à ces retrouvailles pitoyables.

Chaque matin, il se rend en Mobylette à la caisserie voisine où il enfonce des clous toute la sainte journée. Éreinté par neuf heures de coups de marteau, il reprend haleine dans le petit café qui jouxte l'usine et s'y attarde quelquefois. Protégé par quelque puissance occulte, il n'a que de très rares accidents, sa machine évitant d'elle-même fossés, nids-de-poule, tracteurs, troupeaux et volailles vagabondes. Il revient le soir presque indemne. Certes, il chute régulièrement sans vraies raisons mais aussi sans gravité, ne nous présentant jamais que de modestes bosses et égratignures qui ne guérissent pas vraiment puisqu'il les entretient. Lui et personne ne leur prêtent plus aucune attention. Bébert saigne normalement.

Malgré ces avaries, un bonheur permanent semble l'habiter. « Parce qu'il a le vin gai et qu'en plus c'est un imbécile », pense le triste M. Pourcier, pour qui les gens naturellement heureux ne peuvent être que des imbéciles. Quant au vin gai, les faits lui donnent raison. Sans ambition, n'attendant rien de l'avenir, satisfait de la simplicité de son existence, il s'indignerait certainement si des âmes se croyant bien intentionnées lui manifestaient compassion ou autre sentiment vexatoire.

On peut être ivrogne et avoir des goûts délicats. Bébert, poivrot certes, mais grand seigneur dans son domaine, s'offre toujours une première cuite hebdomadaire de qualité menée rondement aux alcools chers et à la mode : Martini, guignolet kirsch, Cinzano, Chartreuse, Marie-Brizard, etc. Et au diable l'avarice ! On se réjouirait presque avec lui rien qu'à le voir se délecter de ces boissons de haute bourgeoisie, qu'il commande à Lucie l'air empreint d'une certaine condescendance. Sa façon à lui de rechercher la reconnaissance d'autrui. La seconde cuite commence le dimanche matin avant que les effets de celle de la veille ne soient totalement effacés, si bien qu'elle prend moins de temps pour faire son œuvre ; enfin, vers 13 heures, Bébert s'éteint pour le compte, souvent le ventre vide.

Ainsi s'achève, comme il a débuté, son jour de repos dominical mérité. L'envie de lui faire des farces bien trop faciles titilla souvent l'imagination scabreuse de M. Devieux. Je l'en dissuadai, soucieux qu'on le respectât, mais je ne pus éviter qu'il fût la risée des enfants, leur seule malveillance, car ils aimaient bien Bébert pour sa gentillesse et l'épargnaient. Les enfants ne sont pas toujours cruels.

Représentant la génération suivante, M. Devieux, quadragénaire mince et dégingandé, était arrivé à Bricourt au début de l'été. Il aurait certainement choisi un refuge plus amène si sa vie avait eu un sens et une direction. Une vie traînée au hasard des femmes, des « coups de lune », au gré des petits boulots, une vie chaotique à travers une quête d'improbable.

Lorsqu'il avait débarqué, il ne savait plus où il en était, alors il n'avait pas regardé où il avait mis les pieds. Une espèce encore inconnue à Bricourt, ce Devieux. Alternativement chemineau ou sédentaire, ici un jour, là six mois, demain ailleurs et ainsi de suite jusqu'à ce que le rattrapent ses racines oubliées, ce fil d'Ariane dont la rupture conduit à l'errance. Des routards à la dérive, égarés, ou à la recherche de travail saisonnier, devaient bien traverser ce village mais tous passaient leur chemin, effarés par la sévérité du lieu. Devieux, lui, y prit position. Pas admis, pas rejeté, toléré. Il venait de loin, d'un pays qui n'existe pas puisqu'il n'en parlait jamais.

Un soir d'hiver et de souvenirs égrenés à cause d'un verre de trop, il me dit :

« J'ai quitté ma femme qui m'indisposait mais je n'ai jamais pu me séparer de mon paquet de gauloises qui me fait tousser. Avouez que c'est con ! »

Ce cœur gangrené divaguait et cultivait l'absurde.

Je pense plus simplement qu'il fut cocu et tardait à s'en remettre.

Si Devieux n'avait pas fait ses humanités, son discours n'en trahissait pas moins une éducation et une instruction certaines, qu'il utilisait à mauvais escient en inventant un monde dans des envolées philosophiques ennuyeuses, profondément ennuyeuses, pour Bébert tout spécialement. À la décharge de celui-ci, bien qu'attentif certains soirs, je perdais moi aussi le fil des interminables péroraisons le plus souvent vides de sens mais flamboyantes.

« Y d'vrait faire d'la politique, c't'homme-là », en déduisit fort à propos Fernand.

Si l'un d'entre nous émettait une opinion, évoquait un sujet d'actualité, il prenait le contre-pied, éprouvant un malin plaisir à ergoter non pas pour amener une contradiction constructive, mais par besoin maladif de semer la contrariété. Un trublion.

À ce jeu-là, il s'attira très tôt l'hostilité de M. Pourcier qui nous faussait compagnie dès la dernière bouchée de fromage.

Fernand, lui, subjugué par le débit volubile de l'orateur, ouvrait grands ses yeux comme s'il écoutait avec. Pour cette raison, entre autres, il ne comprenait pas tout. Cependant, porté par le flot de cette verbosité, il opinait du chef, approbateur, lorsque Devieux, avec un coup de menton dans sa direction, le prenait à témoin.

M. Devieux nous importuna jusqu'à ce qu'une table de tarot se constituât et l'intégrât. Mais, marginal par choix, à Bricourt il ne s'intégra pas. Depuis juin, il travaille comme ouvrier agricole dans une grosse ferme proche, pour subsister mais aussi pour rembourser des dettes douteuses contractées je ne sais où. De sa modeste paye, il reste bien peu en fin de mois et cette situation financière ne lui autorise comme moyen de transport qu'une antique bicyclette ; celle-ci rendit l'âme un matin d'avril. Devieux à pied perdait son emploi. Je lui proposai en dépannage mon superbe vélo mi-course, que je n'utilisais plus ou alors si peu, pour la modique somme de trois mille francs dont il s'acquitta à tempérament. Il me sut gré du geste qui ne me coûta guère et me permit, le mois suivant, de joindre les deux bouts. Deux bouts qui, sans bicyclette, s'éloignèrent de plus en plus. Lucie appela cette fâcheuse conjoncture « ardoise ».

Nous ne sûmes jamais exactement qui était cet homme à part et de passage. Il entretint son mystère jusqu'à ce qu'il disparût pour un autre nulle part.

M. Pourcier, retraité de soixante-dix ans, ex-propriétaire du café, y prend gratuitement et régulièrement ses repas midi et soir. Un accord passé avec Lucie et Marcel, ses successeurs qui ne firent pas une mauvaise affaire. Sec et inactif, le secrétaire de mairie mange du bout des lèvres et sans appétit.

Craignant que je ne le déloge de son poste, il me battit froid car, dans nos villages, l'instituteur exerce traditionnellement la fonction de secrétaire de mairie. Nos relations s'éclaircirent dès lors qu'il constata que j'avais d'autres chats à fouetter et que par ailleurs M. le maire, prévoyant, privilégia la stabilité du poste en y confirmant un secrétaire perpétuel.

Le petit homme essayait d'user ses inusables bleus de travail, dont l'exceptionnelle qualité pouvait permettre à plusieurs générations d'en profiter. Cantonniers, paysans, mécaniciens, menuisiers, maçons, ouvriers d'usine, cheminots, tous portaient des Adolphe Lafont, raides et épais, à la coupe standard et peut-être encore cousus main. Une casquette marine, un petit balai gris sous le nez, des espadrilles ou des sabots, selon le temps, complétaient sa mise immuable. Propre et souvent rasé, il était, comme on disait ici, « tiré à quatre épingles ». Mais bougon et revêche, il avait tout d'un fond de bouteille bien qu'il ne bût que de l'eau. Ce qui d'emblée me le rendit suspect.

Un veuvage récent expliquerait en partie son visage blême et taciturne qui ne sourit jamais. L'autre partie vient de l'eau, diagnostiqua Fernand en excluant le conditionnel. Avare de mots et de tournées d'apéritifs, il restait solitaire quelle que soit la compagnie. Tandis que nous parlions, il se contentait de lâcher de profonds soupirs d'exaspération. Toutes tentatives d'établir un contact durable ayant tourné à l'échec, nous l'ignorâmes.

Je le tolérai mais ma tolérance ressembla vite à du mépris. Par intuition. Car c'est seulement en fin d'année que Lucie me mit dans la sordide confidence. M. Pourcier avait un penchant pour les petits garçons !

« Que voulez-vous, il faut bien une distraction à ce pauvre homme seul, en chagrin et désœuvré. La mairie l'occupe peu, il n'a plus de jardin, pas de famille… »

Voilà ce que Lucie m'apprit, d'un ton ironique mais qui ne condamnait pas !

Le soir après l'école ou le jeudi, il attirait chez lui les jeunes enfants qui acceptaient de lui rendre visite, bon gré mal gré allez savoir, histoire de se faire un peu d'argent de poche plutôt que de voler quelques pièces maigrelettes dans le plat porte-monnaie de maman. Argent de poche ! Savaient-ils, ces enfants, ce qu'« argent de poche » signifiait ? Le fait connu de Lucie, et donc de tous, n'inquiétait pas puisque je n'entendis personne y faire allusion. Lucie d'ailleurs s'étonna que je ne fusse pas au courant.

L'omerta n'est pas propre à la Corse. Dans ces campagnes reculées, des silences coupables dissimulent des drames sous prétexte que ce qui se passe *intra-muros* ne regarde pas l'étranger et moins encore le gendarme. Frustré déjà de n'être pas considéré, le paysan ne prend pas le risque d'ajouter l'opprobre à son discrédit.

Complétons le cliché avec le sens très prononcé de la propriété, qui complique ou interdit même les échanges. Ainsi, cet exemple qui remonte à quelques semaines, dans mon village que je pensais plus ouvert, en est une accablante illustration :

deux jeunes gens originaires d'un bourg voisin distant de quatre petits kilomètres, venus chercher fortune de cœur, se virent refoulés en ces termes par mon conscrit Michel :

« Foutez le camp, les filles sont à la commune ! »

Le paysan professe depuis toujours un strict protectionnisme.

J'imaginai qu'ensuite, chez le secrétaire de mairie, les petits prirent la relève des grands, et ce jusqu'à ce qu'on l'enterrât.

Que restait-il au fond de la boue de Bricourt que je ne savais pas avant mon départ ? Mieux vaut peut-être ne pas se poser la question.

Sur ce dernier portrait qui laisse un malaise, je referme l'album de la pension de famille dont je dus supporter les membres.

C'est donc à côté de ces personnages divers par leurs origines, leurs professions, leurs tempéraments, leurs mœurs, leurs âges que j'allais vivre ; sans doute eussent-ils constitué une palette socioculturelle attractive s'il m'avait été donné de pouvoir m'en affranchir à volonté. Mais je subis avec assiduité cette compagnie imposée qui, au fil des mois, s'avéra éprouvante.

Le dîner de bienvenue, comme le qualifie mon hôtesse, me met du baume au cœur car Dieu sachant que j'en ai grand besoin, il me gâte. Lucie se comporte bien aux fourneaux, sans extravagances culinaires. Je dirai en caricaturant son savoir-faire : rustique, goûteux, copieux.

Nous avons droit pour mon premier test à une terrine de porc et foie de veau, poulet rôti, pommes sautées au saindoux puis fromage blanc à la crème, échalotes et ciboulette, une vraie fromagée, et enfin une tarte tiède aux griottes flambée au kirsch. Le tout à n'en pas croire son palais. Et ce que je pris pour un repas d'exception saluant mon arrivée se répéta chaque soir !

Les produits viennent tout droit du jardin ou de la ferme d'en face, seules sources d'approvisionnement à bas prix. Lucie s'en serait presque excusée :

« Monsieur l'instituteur, faudra vous faire à la cuisine de la campagne. Ce ne sera pas comme en ville, vous savez. On manque de tout, au village... Les commerces ne sont pas à la porte d'à côté ! »

Je n'avais qu'un souhait : que sa cuisine ressemblât à celle de ma mère ou de ma grand-mère, celle qui éveilla et marqua mes papilles. Je souhaitais qu'elle en eût la même flaveur. Cet examen probatoire me rassure. Seul le vin dénote. Il faut dire qu'il arrive du Languedoc et, comme tous les vins de table à cette époque, il traverse une crise de qualité qui dure et va durer.

La soirée culmine sur une dégustation d'un prestigieux assortiment de mirabelle, prunelle, quetsche et autre madeleine, ces divins alcools blancs du terroir aujourd'hui en voie de disparition, mais dont le souvenir qui en reste au palais, lui, ne s'efface pas.

S'enivrer sans honte ni regret, voilà un plaisir de fin gourmet que permettaient ces alcools rares. Mais pas en toute impunité, bien des foies vous le diront.

Ce premier « souper » s'éternise et, fort tard, chacun regagne sa solitude, l'œil vif et l'oreille rouge.

Je m'étire dans le lit froid, fixant au plafond l'ampoule jaune qui pend, ridicule, au bout de son fil torsadé. Je suis déjà demain et pense que le vrai bonheur peut être aussi simple que de se dire : « Demain sera meilleur qu'aujourd'hui. » Fugace, Dieu merci, l'image de la belle fille brune qui, hier, me jurait amour et fidélité, traverse ma quiétude. Je ne la retiens qu'un bref instant. Corps détendu, pensées en ordre, je m'endors.

Je n'ai pas trop de mon dimanche pour préparer la rentrée que je veux sans fausse note. Du jugement initial des enfants dépend l'avenir, et d'abord le mien. Une lourde tâche m'attend, moi, le néophyte d'entre les néophytes, une tâche d'une telle ampleur que le qualificatif d'insurmontable trouble plus d'une fois ma réflexion. Dans moins de vingt-quatre heures, j'affronterai une classe unique. Rien que le nom me fait frémir.

Du petit analphabète qui suce encore son pouce au grand pubère qui joue à touche-pipi et fume derrière la grange, l'éventail des niveaux et des comportements est large, qui réclame une grande facilité d'adaptation et un sens pédagogique pointu. N'ayant pas la prétention de croire que l'académie a subodoré mes compétences pour me proposer ce poste délicat, je m'inquiète de ma prestation future comme le ferait un fantassin abandonné sans armes ni bagages derrière les lignes ennemies. L'image, pour forte qu'elle paraît, exprime toute l'anxiété que déclenche ce parachutage dans l'inconnu.

Pour ce qui concerne ma démarche pédagogique, sur laquelle je me penche et réfléchis longuement, c'est la déroute totale et je m'en remets en désespoir de cause à ce vieil adage : « C'est au pied du mur qu'on voit le maçon. »

Puis je m'attaque à l'étude des programmes, évidemment différents pour chaque cours. Après lecture et relecture de ceux-ci, je rédige et affiche l'emploi du temps, sur la pérennité duquel je ne parierais pas ; il ne peut être que provisoire car un coup d'essai n'est coup de maître que dans les vers de quelque poète exalté. Cet exercice, véritable casse-tête chinois, me prend la matinée.

Reste l'inventaire de la bibliothèque : une poignée de tristes manuels fatigués et hors d'âge, mais pas obsolètes. Sans autres outils pédagogiques, sans soutien, ils seront donc les seules branches auxquelles je pourrai m'accrocher.

Je refais mentalement le tour de mon dénuement et me donne rendez-vous à lundi matin.

« Tout nouveau, tout beau. » Qui donc a pu proférer pareille sottise ?

Un peu avant 9 heures, parents et enfants commencent à s'agglutiner devant l'école. Sans la moindre anxiété, je me présente aux cinq mères qui accompagnent, pensé-je, les plus jeunes. Seulement cinq mères ! J'avais pourtant fait dire que je souhaitais rencontrer tous les parents et l'appariteur précédé de son tambour avait sillonné le village dimanche matin pour diffuser l'information. *A priori*, celle-ci n'a pas déclenché l'enthousiasme et je dois me satisfaire de cette dérisoire délégation que je ne prends pas la peine de faire entrer dans la classe.

Sur le pas de la porte, j'explique que je resterai toute l'année scolaire, que je compte sur l'aide des familles pour l'exécution des devoirs, que je m'efforcerai de rattraper le temps perdu et que, pour le bon fonctionnement de la classe, je serai très strict quant à la discipline – qu'on se le dise. Je termine mon speech en remerciant ces dames de leur présence avec intérieurement, pour les absents, un blâme sévère qui hésite à sortir et me reste finalement en travers de la gorge. Il n'y a pas de question. La froideur de ma présentation, à la hauteur de mon désappointement, semble les avoir figées !

J'aligne les enfants par tailles sur deux files, petits devant, grands derrière et, « silence dans les rangs », les vingt-deux gosses, propres comme des sous neufs, entrent calmement dans la classe. Les mamans attentives, dont madame le maire un peu à l'écart, suivent ce rituel puis, parlant à voix basse, s'en retournent à la ferme.

Je fais asseoir mon petit monde aux places qu'avait attribuées le curé. Les deux nouvelles recrues s'installent à l'extrême gauche et les plus anciens à droite. Je procède à l'appel et, ô surprise ! en balayant la liste d'un coup d'œil, je constate que cinq familles couvrent la presque totalité de l'effectif. Ainsi, j'avais fait quasiment le plein avec ces cinq accompagnatrices qui doivent encore chercher à comprendre mon lamentable comportement à leur égard.

L'abstinence, seul moyen de contraception connu – et toujours aussi efficace de nos jours –, ne doit pas être ici entrée dans les mœurs. Pourtant, les femmes avisées et organisées – je le constaterai ultérieurement lors de mes incursions dans leurs cuisines – cochent consciencieusement les jours permis ou interdits sur le calendrier des Postes punaisé au mur, mais quand le mari en rut et parfois aviné s'engouffre sous les draps, « la maman » doit s'exécuter. Et au diable son foutu calendrier !...

À ma gauche, le Robert, sorte de « petit Gibus » de six ans, blondinet hirsute, ne me quitte pas des yeux, de grands yeux noirs tout à la fois écarquillés et malicieux. Il a mis la moitié d'un index dans une narine et laisse les choses en l'état une partie de la matinée.

Son voisin, l'Alain, plus conventionnel, suce son pouce avec application. Tous deux balancent les jambes sous le banc et observent, sereins, pas dépaysés le moins du monde.

Le premier jour d'école, grand jour s'il en est, impressionne… Première grosse émotion. Pour ces deux-là, s'ils se souvinrent plus tard de ce jour pas comme les autres, l'émotion n'en fut sûrement pas la raison. Attentifs en début de matinée, ils ne tardent pas à s'agiter. Le passage brutal de l'état de petits « sauvageons » libres et sans contrainte au désœuvrement inattendu, où l'on se retrouve cloué sur un banc de classe, ne s'opère pas sans quelques ruades. « Attention, danger », me dis-je, et je stoppe sèchement leur soudaine exubérance, tenté cependant par l'indulgence que m'inspirent leur âge et leurs frimousses faussement candides. Je chasse cette défaillance de novice et applique à la lettre la formule magique et universellement prisée des meneurs d'hommes : « Réprimez, vous aurez moins à punir. » Je l'appliquai à tous durant l'année et n'eus qu'à m'en féliciter. Quoique !…

Si ces deux petits diables perturbèrent la classe plus souvent qu'à leur tour, je ne leur en tins jamais rigueur tant ils étaient attachants.

Et, pour expliquer autrement ma mansuétude à leur égard, depuis quelques mois, je me découvre une aversion pour les moutons de Panurge, en même temps qu'une tendance à respecter davantage les rebelles. Allez savoir pourquoi !

Viennent ensuite de part et d'autre du pilier central le cours élémentaire et le cours moyen, le gros de la troupe sur lequel je m'attarde car je pressens qu'il posera problème. Agités, gloussants, mourant d'envie de papoter, ils me font penser à des cochets qu'on viendrait d'enfermer dans une poussinière exiguë.

Au milieu de ce contingent, deux exceptions : les demoiselles Richard, très apprêtées, strictes et guindées telles des filles d'officiers de la Royale, et derrière elles, Roland, un garçon mal fagoté, aux rondeurs de poussah, le visage joufflu inexpressif, et qui devait le rester. Je compris pourquoi ce faciès lunaire ne s'animerait jamais le jour où, fort longtemps après mon arrivée, je rencontrai ses parents : deux grosses carpes apathiques. Par quelle aberration génétique le fils aurait-il pu être un gardon frétillant ?

Je reviens aux sœurettes. Sages et attentives dans leurs petites robes bleu marine à col blanc, en relief ou en retrait dans le groupe, selon qu'on apprécie les élèves à travers leur turbulence ou leur réserve, elles jouissent d'un privilège qu'aucun autre 4 août n'abolira jamais : une éducation et une culture familiales. Cet atout majeur dans leur jeu leur donnera, sans aucun doute, un ascendant sur leurs petits camarades. Elles paraissent en effet les seules à bénéficier de cette situation favorable que les autres envient probablement.

Si des intelligences existent dans cette classe, elles peineront à s'épanouir, saccagées, étouffées, par la pauvreté intellectuelle affligeante de leur environnement.

Soucieux de savoir vite ce qui perturbe cette catégorie d'élèves, j'interroge Jean-Pierre, Didier, Lucienne et les autres. J'essuie alors une rafale d'amertume qui crépite de bouche en bouche et que je laisse aller son train, chacun crachant à tour de rôle son dégoût, son dépit, sa déception, sa vocation contrariée. Éloquent.

Didier, objectif :

« Le certificat d'études ne me servira à rien à la ferme. Vous n'avez qu'à demander à mon père. Lui, il l'a pas. »

Son voisin, frustré :

« Moi j'aurais voulu être vétérinaire mais je ne peux pas aller au collège, même si j'étais bon en classe. Mes parents ont pas les moyens de m'y envoyer. »

Jean-Pierre, réaliste :

« Je resterais bien à la ferme mais y a pas assez de travail pour nous occuper tous… Où que j'vais aller après ? Si c'est à la caisserie, j'ai pas besoin du certif. »

Lucienne, fataliste :

« De toute façon, quand vous partirez, on aura encore droit au curé et il nous a dit qu'on n'aurait jamais notre certificat d'études. »

Et ainsi de suite…

J'écoute cette débandade morale qu'aucun argument à ma portée immédiate ne saurait endiguer. J'enregistre et, pris de court, ne peux faire que cela.

Pour ceux qui se focalisent sur cet examen cher à nos aïeux, mais qui déjà n'ouvre plus aucune porte, le « certif » reste malgré tout cette récompense sanctionnant toutes ces années passées sur les bancs de l'école, apportant aussi la reconnaissance pour ceux qui l'ont obtenu et, en dernier lieu, la fierté à la famille, qu'on ne veut pas décevoir. Et sur cet unique idéal, ils vont devoir tirer un trait. Quelle révoltante déconvenue !

Pour les autres, il n'est plus qu'une médaille en chocolat dérisoire dont l'obtention ne justifie aucun combat.

Et les deux clans de penser en chœur : « À quoi bon l'école ! »

Le savoir, quant à lui, semble n'en concerner aucun.

Sur ma droite, les anciens, les treize et quatorze ans, les finalistes de l'épreuve.

Depuis des années qu'ils grimpent à ce mât de cocagne savonné, ils arrivent enfin au sommet et là-haut, rien à décrocher.

Ils sont trois filles et trois garçons dans la même galère et, si leur discours ressemble au précédent, il se traduit par la résignation, aboutissement de toute démarche sans solution.

Pour les filles, exclues de la ferme plus par impératif économique que par tradition, les perspectives sont en ville et s'arrêtent à vendeuse, couturière ou serveuse. La plus optimiste ambitionne un modeste poste de dactylo loin de sa vocation d'origine : institutrice.

Les garçons ne voient rien. Ils ont refermé les yeux sur les futurs dont ils rêvaient il y a peu encore.

Le malaise qui s'installe après ce tour de table m'incite à leur proposer une bolée d'air frais, un peu avant l'heure édictée arbitrairement par l'académie :

« Nous allons mettre le nez dehors un quart d'heure pour nous changer les idées. »

Je n'ai pas fini ma phrase que les deux diablotins s'extraient de leur boîte et se ruent à l'extérieur. Je les rappelle d'un ton sec et les fige à leur place dans un garde-à-vous strict.

« Qu'est-ce que c'est que cette indiscipline ? Vous ne devez sortir que lorsque j'en donne l'ordre, en silence et calmement. Compris ?

– M'sieur, j'ai pissé dans ma culotte ! » répond le petit Robert avec un grand sourire.

Et tout le monde éclate de rire.

Mon autorité prend un plomb dans l'aile mais l'atmosphère se détend.

Le petit Robert, un espiègle forcené qui s'avérera incontrôlable, étrennera une longue série d'accidents de sphincter, auxquels il ajoutera sans compter des pitreries truculentes et variées qui réjouiront la classe, moi y compris. Mais dois-je m'en vanter ?

Dès cette première matinée, je m'applique à photographier et à fixer leurs visages, à y mettre des noms et à m'en souvenir, à décrypter des bribes de leurs personnalités, à repérer les frères et les sœurs dont l'air de famille pour certains ne saute pas aux yeux. Lucie, pas mauvaise langue, on le sait, mais diablement observatrice, attirera mon attention sur le fait que je ne dois pas rechercher systématiquement la ressemblance avec le père nourricier mais surtout avec le père de sang. Et quand, plus tard, je lui demanderai au sujet d'un cas litigieux :

« Qui est-ce, le père ? »

Lucie, respectant son sacro-saint devoir de réserve et se contentant d'avoir éclairé ma lanterne, s'en tiendra à cette réponse laconique :

« Vous le reconnaîtrez quand vous le verrez ! »

Et comme pronostiqué, je trouvai sans chercher le coupable pour un seul cas, mais flagrant.

Par la suite, la rumeur m'apporta des réponses aux questions que je ne me posais pas.

Sans me presser, j'ai fait connaissance avec mon jeune public auquel je propose, comme principe de base à nos rapports à venir : la collaboration. À ce titre, j'explique que je ne veux pas passer des mois en face d'eux mais avec eux, ce qui implique l'échange, le dialogue, la confiance.

« Puisque nous devons vivre ensemble jusqu'en juin, faisons en sorte que cela se passe dans une bonne ambiance. Vous n'aurez peut-être pas votre certificat d'études mais pour moi ça n'a aucune importance. Il y a mieux à faire que de ne penser qu'à ce diplôme. Je suis sûr qu'il existe quantité de choses qui vous intéressent qui ne sont pas forcément dans vos programmes et dont nous pourrons parler. Réfléchissez, notez vos idées, vos questions et je vous donnerai la parole régulièrement pour vous exprimer. En contrepartie, je veux de la discipline pour ne pas avoir à punir, et sur la discipline je ne plaisante pas. Et qui sait si, de fil en aiguille, vous n'allez pas remonter la pente et le décrocher, ce sacré certificat !... Si on s'y emploie tous. »

Un discours abstrait qui les laisse dubitatifs et que je vais devoir au plus vite assortir d'exemples concrets.

Un exercice pratique tout à fait dans mes cordes.

Je fonderai donc ma démarche didactique sur leur participation, dont j'attends qu'elle me guide, qu'elle apporte des solutions à mon embarras. Réciproque d'une pratique socratique, la maïeutique.

Car la seule chose que je connaisse sur les enfants, c'est que la vérité sort de leur bouche et que les petits font encore pipi dans leur culotte. Pas de quoi bricoler dans l'urgence un pédagogue ! Toute aide extérieure sera donc la bienvenue.

Préoccupé par la case départ, je retourne vers ces deux petits drôles, à qui il m'incombe d'apprendre à lire, écrire et compter de A à Z : c'est l'objectif programmé d'une ambition démesurée, parce qu'il semble être pour eux le cadet de leurs soucis, mais une épreuve d'agrégation pour moi.

Le doigt toujours dans la narine pour l'un, le pouce enfoncé jusqu'à la garde pour l'autre, ils opinent du chef en me regardant parler, sans m'entendre je suppose, me jurant cependant leurs grands dieux, avec une belle assurance, qu'ils seront sages et travailleurs, ce que personne ne croit, à commencer par leurs frères et sœurs.

Au terme de cette première reconnaissance, j'ai le sentiment qu'en dehors de ces deux-là et de quelques rares réfractaires le courant passe et qu'un semblant de connivence s'esquisse. Je m'octroie un encourageant satisfecit.

Reste ce fichu « certif », cette épine irritative à extraire, qui agace leur sérénité et les déstabilise.

Pour conclure, je questionne à brûle-pourpoint :

« 3 fois 9 ?

– 27, répond Jean-Michel bien avant tout le monde.

– Tu seras chef de classe jusqu'à Noël, lui annoncé-je.

– C'est quoi, chef de classe, m'sieur ? s'enquiert Mireille, une blonde délurée qui n'a pas ménagé sa langue en ce début de matinée.

– Le chef de classe représentera les élèves. Il sera l'intermédiaire entre vous et moi. Sur le plan pratique, il veillera à ce qu'il y ait toujours des craies au tableau qu'il fera essuyer chaque soir, il désignera celui ou celle qui allumera le feu, ce qui ne saurait tarder d'ailleurs, etc. En quelque sorte, il est le capitaine de l'équipe dont je suis l'entraîneur… »

Ma phrase reste en suspens, Jean-Pierre me coupe :

« On fera du sport, m'sieur ?

– Bien sûr. Ce sera même obligatoire, l'informé-je.

– Ah non ! Pas de sport. Ou alors, que pour les garçons ! » s'insurge Mireille, porte-parole improvisée des filles qui acquiescent de conserve.

Les filles et le sport, depuis son invention, ne font pas bon ménage. Elles ne comprendront la nécessité de se remuer les fesses que lorsque celles-ci refuseront d'entrer dans les jeans.

Mais nous n'en sommes pas encore là.

Le refus instantané de Mireille de la pratique sportive traduit par ce raccourci sa conception inégalitaire des sexes qu'elle eut plus tard l'occasion d'expliciter clairement dans une rédaction dont le sujet fut : « Vous êtes fille ou garçon. Votre condition vous satisfait-elle ou auriez-vous préféré être de l'autre sexe ? » Un calicot au milieu de son devoir clamait sans ambiguïté un féminisme inquiétant : « C'est mieux d'être fille parce que l'homme travaille pour gagner l'argent et c'est la femme qui le dépense. » Et vlan !

Ses voisines, sa sœur Annette et Mariette, encensèrent la femme plus noblement, à travers le rôle de la mère, leur modèle, une mère au foyer, heureuse et comblée, qui les choie, les éduque, les encadre, les sécurise. Une mère à qui incombe d'abord « l'élevage des enfants ». Elles la décrivaient bien différente du père et leurs différences s'imbriquaient, complémentaires dans l'harmonie…

Les garçons, malgré les nuages d'incertitude qui assombrissaient leur avenir, tous sur la même ligne, restaient fortement attachés aux prérogatives du mâle, chef de famille, responsable matériellement du foyer et à l'autorité sur celui-ci indiscutable.

Je consacre le début de l'après-midi à la distribution des livres, à l'explication des programmes que je commente et termine par des tests dont une dictée que je choisis dans *Le Pain au lièvre* de Joseph Cressot, un texte sans difficulté majeure. Elle sera le clou de cette première journée.

Je savais peu ou prou où je mettais les pieds, mais la médiocrité des copies que je relève dépasse la plus pessimiste de mes prévisions : ils s'expriment en phonétique ! Orthographe, conjugaisons, grammaire vont à vau-l'eau. C'en est fait des quelques illusions que je nourrissais encore dans le secret de mon optimisme naturel. La gravité de la situation s'affiche si clairement sur mon visage que Jean-Michel interroge d'un air malheureux :

« C'est si nul que ça ? »

Je hoche la tête en les observant mais seul mon interlocuteur paraît contrarié.

« Tu t'exprimes dans un français approximatif, certes, mais rapidement perfectible, le rassuré-je, alors ne te désole pas. Je pense qu'avec un peu de travail tu as une bonne chance de t'en sortir. »

Et je le pense objectivement. L'intelligence du regard bleu et franc de ce garçon et son interrogation inquiète me font penser que les études ne le laissent pas indifférent. Mais qu'espère-t-il en faire ?

« Je n'en sais rien, mais j'aime apprendre, j'aime lire. Seulement à la fin de l'année, je ferai comme tout le monde, je chercherai une place d'apprenti en ville… N'importe quoi. Comme je vous l'ai dit, chez nous il n'y a pas de place, ni pour moi ni pour mon petit frère. De toute façon, la culture ne me plaît pas… J'aurais bien aimé être ingénieur, vous parlez d'une idée ! »

Il achève sa phrase, dépité, le nez sur le pupitre.

À l'exception de trois ou quatre enfants, tous sont issus de cette petite paysannerie dont on devine déjà les prémices d'un syndrome de glissement. Dix hectares, six vaches à lait, quatre douzaines d'œufs par semaine et deux cochons par an, seules sources de revenus, ne leur offrent guère plus qu'une ration de survie. Et pour tracasser davantage ces petits fermiers, le Marché commun se profile à l'horizon, qui déclenche à Amiens une rude jacquerie. Avenir sombre pour les rares propriétaires et pas d'avenir du tout pour la majorité d'entre eux, souvent locataires des quelques arpents qu'ils exploitent à grand-peine, telle se présente la situation socio-économique de Bricourt.

L'agonie approche. Dans ce climat pathétique, l'ambiance en classe comme en famille ne peut pas être à la joie ni au dynamisme. En prise directe avec leurs problèmes, je participe à leur désarroi, et les sombres pensées qui m'accaparent m'empêchent certainement de m'attarder sur la caresse noire et veloutée d'un regard de fille, d'une jolie fille mince mais déjà « tournée », assise au fond, réservée et silencieuse : Mariette. Non, je ne prends pas garde à ce regard-là.

17 heures. Je libère mes vingt-deux gosses qui s'égaillent en me saluant d'un tonitruant « r'voir, m'sieur ». Je m'avachis sur ma chaise tel un boxeur groggy et laisse fuser un soupir d'une profondeur encore jamais atteinte, censé évacuer le mal-être que ces enfants m'ont perfusé. En vain.

Par la fenêtre, j'aperçois Mauricette en haut des marches de mon palais, qui prend la pose. J'écourte mon « lâcher-prise » et sors. À mon approche, elle se hanche, très flamenca.

« Je viens donner un coup de balai, le ménage est plus facile quand on le fait plus souvent », me lance-t-elle pour justifier une présence hâtive.

D'emblée, j'émets un doute quant à son exceptionnelle conscience professionnelle en observant que sa blouse, toujours fleurie, a beaucoup rétréci depuis samedi et que plusieurs boutons, en haut comme en bas, n'ont pas trouvé leurs boutonnières.

Au pied du perron, mon regard s'engouffre tout naturellement dans l'entrebâillement de la robe-tablier pour découvrir très haut une cuisse nacrée qui incite à poursuivre. Arrivé à sa hauteur, le même regard, qui j'imagine brille d'un éclat polisson, plonge dans la profonde échancrure du vêtement donnant libre accès à une lourde poitrine pas moins affolante. Tandis que j'effectue avec avidité l'inventaire de son opulence, Mauricette garde la pose. Provocante. Seuls ses yeux plissés suivent ma lente et lascive exploration.

Elle sait se vendre, la mâtine !

Alors le petit cochon qui sommeille en tout homme, réveillé en sursaut, prend la belle par le bras et la conduit vers sa litière devenue nid d'amour douillet par l'opération d'un Cupidon de bas étage.

Le maître aussi a droit à sa récréation, que diable !

Oubliés romantisme et éducation, oubliée approche délicieuse et troublante, oublié *crescendo* des caresses délicates et voluptueuses, je m'abandonne sauvagement à l'objet du désir tout-venant sur le lit-cage communal sans autre forme de procès. Et à la fortune du pot !...

Est-ce la rusticité de cette campagne profonde et sans chichis qui déjà m'imprègne ? Est-ce la tension de cette journée en se relâchant qui m'aveugle ? Ou alors est-ce ma « technicienne de surface » qui serait irrésistible ? Sur le coup, bien sûr que je ne me les pose pas, ces questions qui tentent d'expliquer ma concupiscence gloutonne et soudaine. Elles arriveront plus tard. Trop tard. Pour l'heure, je passe une excellente et inattendue fin d'après-midi. Et nous sommes deux à faire la bonne opération, car en un tour de main ma soubrette s'est hissée au grade de bonne à tout faire avant d'atteindre un septième ciel bien mérité et sans que cela ait coûté un centime à M. le maire...

Mauricette prit du galon sur-le-champ – et moi... des morpions le lendemain.

En pleine classe, je suis agacé par un chatouillement au pubis, léger mais tenace, qui très vite évolue vers la démangeaison, d'abord supportable, puis énervante, enfin intolérable. Je me grattouille discrètement... elle reprend de plus belle. Je me regrattouille... toujours sans résultat. Cette fois, je me gratte avec une folle énergie dans des contorsions athétosiques incontrôlables. Finalement, je ne vois mon salut que dans la retraite et passe le commandement à Jean-Michel : « Surveille la classe, je reviens dans une minute », et m'éclipse.

Pantalon et slip sur les chaussures, je constate les dégâts. Ma toison pubienne grouille de petites bêtes voraces : « Des morpions ! » m'écrié-je en silence et horrifié.

Je connaissais deux sortes de morpions : ceux qui trompaient l'ennui pendant les cours de philo, des ronds et des croix sur un cahier quadrillé, ou ceux des chansons paillardes, anodines bestioles rigolotes qui amusent les salles de garde on ne sait trop pourquoi. Que nenni ! Pas anodines, pas rigolotes du tout les vraies bestioles, celles qui me rongent et dont je doutais même qu'elles existassent encore…

Je fus en enfer la journée durant.

Qui n'a pas subi les morpions ne peut mesurer l'ampleur des dommages qu'ils causent. Ce pou exécrable est sans conteste sous-estimé quant à sa dangerosité dans ses effets psychopathiques. La démangeaison incessante harcèle et inhibe l'esprit qui perd d'heure en heure toute lucidité. Les propos de plus en plus incohérents tendent vers la confusion mentale, voire la démence. J'en arrive à vouloir écraser les gosses contre les murs. Je n'en peux plus de me maîtriser. La crise est imminente quand je fais évacuer la classe en urgence…

Cette deuxième journée est un four qu'on ne manquera pas de commenter dans les chaumières.

Les morpions ! Quelle école de courage que les morpions !

Face à l'invasion de cette vermine répugnante, premier stade des « maladies honteuses » sexuellement transmissibles et donc inavouables, je me sens démuni, impuissant : pas de potion, pas d'onguent, pas de lotion, pas d'apothicaire à moins de trois lieues, même pas une idée, et surtout personne à qui parler. Le désastre arrive un peu tôt dans la saison pour que j'aie sous la main quelque ami sûr, compétent et discret, qui puisse m'aider… Lucie ? Mais qu'est-ce que Lucie peut bien connaître de ce mal rarissime ? Et surtout, ai-je le droit de m'exposer aux ragots populaires qui sabreraient la bonne réputation que je ne me suis pas encore faite ? D'autant que sur le prétendu secret professionnel de mon hôtesse, je n'ai qu'un son de cloche : le sien. Un risque à ne pas prendre !

D'un faux pas peut dépendre une vie… Et dans un flash, je revois mon accident.

Je croyais dur comme fer que la longue et dure expérience des enfants de troupe m'avait aguerri contre les traumatismes, les outrages, les turpitudes de la vie. Je croyais être assez fort pour ne pas subir. Erreur !

Sans témoins, je tourne et gesticule comme un chat fou couvert d'eczéma et rumine ma rancœur et ma vengeance. La garce payera cher… Merci, monsieur le maire, pour vos bonnes grâces… Sale bled pourri… Je m'en prends à la terre entière et pas un seul instant ne me mets en cause. Et pourquoi donc le ferais-je ? L'instinct est si fort face à la raison quand on a vingt ans.

J'épuise ma haine et mes jurons et me persuade que parler, même à un chien, atténuerait, ne serait-ce qu'un peu, ma souffrance, car c'est bien de souffrance qu'il s'agit maintenant. Mon grattage frénétique m'a arraché la peau, sans le moindre dommage pour cette indestructible vermine.

Avec une heure d'avance, je vais me réfugier au café, quitte à tomber sur la brochette de demeurés assoiffés, prostrés sur leurs chopines. Et je boirai avec eux comme Bébert. L'alcool anesthésie, l'alcool délivre de tous les maux…

Personne !

Lucie m'accueille avec son éternel sourire au coin des yeux :

« Michel le commis laitier vous cherche, il repassera.

– À quel sujet ? » m'informé-je, étonné car je n'ai pas encore rencontré ce garçon.

Lucie l'ignore. L'envie de la mettre dans la confidence se fait pressante, elle arrive sur le bout de la langue… Je la refrène… L'orgueil, la peur du ridicule, les cancans… Je me tais.

Un jeune homme distingué, donc surprenant, pousse la porte :

« Monsieur l'instituteur, je suppose ? Bonjour, je vous cherchais.

– Vous êtes Michel ? questionné-je.

– Oui, et je voudrais vous parler, mais pas ici. On peut sortir ? propose-t-il.

– Je vous suis. »

Et je lui emboîte le pas à l'extérieur. Il se retourne vers moi et, haussant un sourcil, déclare :

« Une belle fille, Mauricette, n'est-ce pas ? On ne l'appelle pas “la belle Mauricette” pour rien, hein ! Toutefois, si j'ai un conseil à vous donner, faites gaffe aux morpions. »

J'encaisse et suis à quia, mais mon visage torturé doit lui raconter en détail toute mon histoire, toute ma souffrance, toute ma désespérance, car il ajoute :

« Je vois... Il n'y a que le Fly-Tox. Radical, le Fly-Tox.

– Comment savez-vous ?... »

Je ne finis pas, il poursuit avec un sourire complice et pas mécontent de son effet :

« Je le sais par expérience et ne suis peut-être pas le seul. »

Pas le seul à savoir quoi ? Que le Fly-Tox est radical ou que Mauricette et moi... ? Selon toute vraisemblance, les deux. Sidéré, je ne pousse pas plus avant mon interrogatoire et me réfugie dans le doute. La certitude m'affecterait davantage.

J'abandonne mes réflexions quand nous arrivons à sa voiture, une Traction avant noire, rutilante, de laquelle il extirpe la bombe miracle et me la tend. Je le remercie gauchement pour tant de sollicitude. Il me répond que, dans l'adversité et entre victimes, il est bien naturel de s'entraider et comprend fort bien que je ne m'éternise pas en palabres inutiles. Je file ventre à terre chez moi, déjà soulagé rien que de savoir que je vais l'être.

Et le miracle annoncé a lieu.

Je n'ai jamais vraiment témoigné ma reconnaissance à ce messager de la Providence. Il est des services dont la valeur n'a pas de prix. Cependant, ma mésaventure créa entre nous, à défaut d'amitié, une solidarité qui ne se démentit jamais.

Mon idylle éclair et graveleuse s'achève dans l'insecticide et la promotion de la belle Mauricette ne dura que ce que dure une invasion de morpions. Une telle humiliation ne pouvait être pardonnée, qui signa sa relégation dans la caste des « intouchables ».

Piteusement et par la petite porte, je venais de faire ma rentrée à l'école de la vie. Honteux et confus, je pris ma première leçon. Mais quelle leçon !

Après les préliminaires de lundi, simple mise en condition, et un mardi à oublier, cette troisième journée marque le début de la longue épreuve des figures libres qui, jusqu'à fin juin, seront exécutées sans préparation aucune. Une épreuve à haut risque.

Si mes premières pérégrinations extrascolaires furent sanctionnées par un coup de semonce, ma classe, elle, se devait d'être exempte de tout reproche pour ramener dans les familles l'estime et la confiance indispensables émoussées, pensé-je, par cette fâcheuse bavure.

Je m'appliquerai donc prioritairement à gommer, sinon corriger, mes points faibles qui présentent un solde largement positif sur mes points forts. En tête : mes explosions colériques portées par un vocabulaire peu châtié, héritage d'une longue et trop précoce fréquentation du milieu militaire qui ne brille pas par l'élégance et le raffinement de son verbe.

Un maître d'école ne gourmande pas un élève de C.M.1 comme un adjudant hargneux et mal embouché réprimande un deuxième classe. Par exemple, je ne pourrai pas dire : « Ferme ta gueule, connard, ou je te mets la tête au carré… ou comme une lessiveuse… ou je te fous au trou, au gniouf… » Ces mises en garde variées et colorées, dont usaient et abusaient nos chers sous-officiers instructeurs rivalisant entre eux d'inventivité, faisaient partie de notre quotidien et de notre mode d'expression. Déraciner ce mal ancré en profondeur s'avéra une tâche ardue m'obligeant à une vigilance de tous les instants qui ne fut pas sans failles.

Je dus apprendre à me fâcher poliment en criant doucement vers un élève dissipé : « Tais-toi, s'il te plaît, ou gare à tes fesses. » Exprimer son exaspération par une aussi courtoise sommation exige une maîtrise de psychologue yogi – deux formations qui me sont étrangères –, surtout lorsque les mains se retiennent de distribuer une paire de claques que l'on sait plus rapidement convaincante. En effet, cet argument frappant crée un précédent redouté qui évite ultérieurement bien des palabres à visées pédagogiques le plus souvent stériles. Il suffit d'agiter la main pour que l'intéressé, conscient de sa faute, s'exécute. L'efficacité du procédé a de multiples avantages : pas d'esclandre, pas de perturbation de la classe, pas de temps perdu, et pour le maître, et pour les petits camarades du fautif.

Je perpétuai cette bonne vieille méthode que ne contesta jamais l'association informelle des parents d'élèves lesquels la pratiquaient et pour certains de trop bon cœur à mon goût. Ils n'en connaissaient pas d'autre.

Ce faisant, mon autorité s'affirmant, les menaces orales s'espacèrent et je pus les contrôler plus aisément. Certes, il arriva que j'oublie mes bonnes résolutions et me laisse aller à quelque écart de langage lorsque les polissons de service, toujours les mêmes, n'obtempéraient pas assez vite. Mes éclats de voix lestes et brutaux, devenus rares et les surprenant, les remettaient dans le rang *illico.*

Là encore, les parents ne me tinrent jamais rigueur de mes dérapages verbaux. La trivialité des altercations avec leurs enfants dont je fus le témoin expliquait leur désintéressement pour le sujet.

Si, en fin d'année, je n'étais pas tout à fait l'enseignant modèle que l'académie appelait de ses vœux, j'en avais pris le chemin. Le mien.

« M'sieur, y manque des pages dans mon livre de géographie ! s'exclame Mireille.

– Dans le mien aussi, renchérit Jean-Michel.

– Je sais, les enfants. Mais je pense avoir une idée pour améliorer la situation. On en reparlera tout à l'heure », proposé-je.

Les livres mis à leur disposition, austères, tristes, dans un état d'usure avancée, rafistolés avec du papier collant qui ne colle plus, auraient eu meilleure place au rayon soldes d'un bouquiniste à Ouagadougou. Certes, quels que soient les manuels, l'histoire et la géographie sont immuables : on y lira toujours que Vercingétorix et César en ont bien décousu à Alésia – pas sûr, disent certains –, que les Anglais ont brûlé Jeanne d'Arc à Rouen et achevé Napoléon à Sainte-Hélène, et que la Loire, sauf cataclysme, prendra toujours sa source au mont Gerbier-de-Jonc, mais ces vieux bouquins pisseux ne donnent pas envie de le savoir. Leur renouvellement relevant de l'utopie, j'ai imaginé une solution interne que je soumets en fin de journée :

« Nous allons écrire à tous les syndicats d'initiative des chefs-lieux de département en demandant qu'ils nous envoient une documentation touristique. Ainsi, nous disposerons de renseignements récents sur les villes ; leur histoire ; leurs célébrités, écrivains, peintres et hommes d'État ; leurs monuments ; leurs activités économiques, etc., tout cela avec des photos en couleurs. Nous constituerons ainsi un recueil complet et actualisé. Qu'en pensez-vous ?

– Ouais, ça c'est une bonne idée ! s'exclame en chœur l'aile droite de la classe, la plus concernée.

– Seulement c'est vous qui allez devoir écrire toutes ces lettres. Un excellent exercice d'ailleurs, d'autant que chaque texte devra être différent, leur précisé-je.

– Combien ça nous fera de lettres chacun ? s'inquiète Mireille.

– Une douzaine. »

Ma réponse fait tomber l'optimisme mais tous, réflexion faite, entérinent le projet.

« Qui va payer les timbres, m'sieur ? s'inquiète Jean-Michel.

– Surtout qu'y a pas d'argent à la coopérative, remarque Annette.

– Quelle coopérative ? demandé-je, ayant oublié cette vieille tradition.

– Ben, la coopé scolaire ! Pour avoir de l'argent, on vend des trucs tous les ans, des billets de tombola par exemple, m'explique Mireille.

– Les timbres, je m'en occupe. Quant à la coopérative, nous verrons cela plus tard. En attendant, cherchez des moyens, si possible originaux, pour renflouer votre coopé. »

Je conclus ainsi cette journée positive sur un projet concret qui devait les occuper et les stimuler durant plusieurs semaines.

Le soir même, je demande à M. Richard, que mon idée a séduit, de faire réaliser un casier (que l'on installera sous la carte de France) où seront rangées les documentations à venir. De leur côté, les enfants confectionneront de petits drapeaux qu'ils épingleront sur la carte au fur et à mesure des réponses.

Dès le vendredi, je leur montre une lettre basique à partir de laquelle, à la maison, ils rédigeront la leur que je corrigerai avant expédition. Et tant mieux si les parents mettent leur grain de sel dans la rédaction. Une petite épreuve épistolaire après la traite leur fera grand bien et les associer au travail de la classe ne peut que nous les rallier.

Le courrier de retour adressé nominalement à chaque enfant ne tarde pas à arriver ; son dépouillement, effectué dans l'excitation, suscite des commentaires et un brouhaha qui n'en finissent plus, tant les gosses débordent de curiosité et d'intérêt pour ce qu'ils découvrent. Les châteaux de la Loire, les calanques de Cassis, le mont Blanc, la cathédrale de Chartres, le Louvre... Tout est coloré, grandiose, excitant. Tout invite à connaître, savoir, comprendre. Je me prends au jeu des digressions sur des sujets bien éloignés du programme mais leur enthousiasme communicatif est tel qu'il serait dommage de le museler trop vite. Ils en seraient frustrés. J'attendis quelques réponses avant de resserrer la discipline pour ne consacrer que cinq à dix minutes à chaque document reçu.

Pour les tenir en haleine, je fis durer les échanges de courrier jusqu'au milieu du second trimestre. Et la vieille carte terne entièrement couverte de petits drapeaux prit des couleurs.

Je destine le repos de ce premier jeudi, superflu pour si peu de fatigue, à une promenade bucolique de reconnaissance sur les chemins communaux qui sillonnent les alentours.

Les prémices de l'automne, qu'une fin d'été sèche a accélérées, tachent déjà de larges plages jaune vif les longues façades des nombreux bois qui cernent le village et la diversité de leurs essences promet l'épanouissement prochain d'une flamboyante palette. La campagne arbore une belle allure de bocage vallonné. Des haies vives, touffues, dans des entrelacs impénétrables d'épines, de ronces, de noisetiers et de fruitiers sauvages bordent les sentes et clôturent les herbages où les « tachetées de l'Est », fortes vaches mi-viande, mi-lait, traînent leurs pis gonflés. À mon passage, elles relèvent leurs grosses têtes ahuries, la gueule pleine d'une herbe dense que seul leur propre purin a engraissée.

Dans ces refuges privilégiés que sont les haies, les grives, en concurrence le jeudi avec les enfants, s'y régalent d'alises rouges aigrelettes, de prunelles, de merises, de mûres noires et de cenelles. Surprises pendant leur dégustation, elles déguerpissent par dizaines sous mon nez dans une vive et soudaine envolée froufroutante.

Par une brèche dans un haut mur que je longe, je devine, à travers une futaie de chênes et de hêtres séculaires, une tour et la façade du château aussi discret dans son écrin de verdure que dans le cœur de la population bien peu loquace à son sujet. Personne en effet ne s'en enorgueillit.

Je traverse un étroit ruisseau qui gargouille entre pierres moussues et saules jaunissants et rentre au bercail, soûlé par ce petit coup d'air pur…

Et je pense à ce collègue triste dans sa ville grise, penché à la fenêtre de son immeuble gris, regardant monter les fumées âcres et grises des usines vers un ciel toujours gris. Il a un linoléum en couleur dans sa chambre à coucher et l'eau chaude dans la salle de bains...

Lequel peut bien envier l'autre ?

Ce soir, chez Lucie, nous fêterons un événement : M. Pourcier et Albert, le cantonnier, remis de sa crise de foie, m'installent le tant attendu bac en galvanisé et si aucun problème technique ne les contrarie, j'aurai droit à l'eau sur ma pierre d'évier avant le coucher du soleil, parole de cantonnier, ce qui dans sa bouche doit être un lapsus, lui qui, selon la rumeur, ne le voit jamais...

Ce qui fut dit est fait ; ils terminent la pose à l'heure de l'apéritif et procèdent au premier et unique essai. L'opération réclame patience, précaution, équilibre et grande souplesse car, placée un peu haut sous le plafond, la cuve laisse juste l'espace nécessaire au passage d'un pot et il en faut trente pour remplir le récipient, soit trois bons seaux.

L'intrépide cantonnier rondouillard commente chacun de ses gestes et oscille dangereusement sur une de mes chaises branlantes et je crains un instant qu'il ne soit à nouveau mis à pied, cette fois pour accident de travail. Il n'en sera rien mais l'alerte fut chaude. À sa descente, je constate que mes chaises ne sont nullement en cause mais lui, si.

Pourcier l'ascétique taiseux et Albert le pléthorique bavard, la très complémentaire équipe technique communale, après un coup d'œil satisfait sur leur travail, me laissent en tête à tête avec leur bel ouvrage que visiblement Albert jalouse.

« C'est la seule installation du genre sur la commune, vous êtes bien vu à c'que j'vois ! » me confie-t-il en aparté et en titubant.

La complexité de la manœuvre pourrait dissuader un homme seul mais, Dieu soit loué, je ne le suis pas. J'ajoute aux attributions de Jean-Michel, le chef de classe, celle de porteur d'eau... Une eau glaciale, été comme hiver, puisée à dix mètres de profondeur près du cimetière, une eau que personne n'aura de sitôt l'idée d'analyser, la peur du risque bactérien n'étant pas encore à la mode.

Si, à l'école militaire, nous ne disposions que d'eau froide au-dessus des lavabos ou des pédiluves, nous jouissions une fois par semaine de la douche collective, quand bien même celle-ci était bouillante, avec un plaisir que la rareté de l'événement décuplait.

Force est de constater qu'ici je régresse quant au confort et à l'hygiène, mais sachant que seul M. Richard dispose d'une salle de bains, je ne me formalise point.

Il a cédé son tub à quelque antiquaire et aujourd'hui, avec sa baignoire, M. Richard préfigure l'avenir et prend de l'avance sur son temps et ses administrés, traduisant sa prééminence par un comportement et des actions exemplaires. Le maire porte sur ses épaules le poids de son écharpe par vocation, comme le curé l'étole, la responsabilité en moins. Et quand il abuse, ce n'est pas de confiance mais de dévouement et d'abnégation. Tout cela vaut bien une baignoire en compensation. Que les envieux et les médisants y pensent !

En attendant la mienne, je contemple le récipient qu'ils ont lentement rempli comme pour faire durer l'attente que je prolonge en glissant dans une douce somnolence. Je rêve de château d'eau. Un gigantesque château d'eau, une haute silhouette blanche au galbe gracile s'élançant par-dessus les cimes du « Grand Bois ». Je rêve d'une œuvre d'art utilitaire faisant la nique aux laideurs de béton qui surplombent et défigurent nos jolis villages de pierres sèches. Ces tours inévitables qui griffent le ciel et accrochent immanquablement l'œil du voyageur, ne devraient-elles pas être des architectures remarquables, des campaniles à admirer à l'instar de nos clochers romans ou des flèches gothiques de nos cathédrales ?... Mais je rêve. Je rêve d'autant plus que ce village reclus ne verra pousser son château d'eau que vingt ans plus tard !...

L'heure de propreté a donc sonné. L'eau est là, l'eau courante promise par M. le maire, l'eau à laquelle j'aspire depuis cinq jours, une eau froide, si froide que je tremble en l'imaginant sur mes reins, sur mon cou... Une eau bien trop froide... Mais j'y pense, chez Lucie, ne sont-ils pas tous déjà à table qui s'impatientent ?...

L'eau attendra.

Elle attendit jusqu'à 22 heures que je rentre, encouragé par une généreuse mirabelle qui m'aide à franchir le pas décisif.

Tel un lad qui bouchonne un étalon, je me frictionne la couenne en m'égosillant dans des formules incantatoires inspirées de la méthode Coué. Je grelotte vaillamment devant la cheminée éteinte et mon épiderme à vif prend une couleur saumon. Je suis un autre. Bien dans ma nouvelle peau, vite je m'enfouis sous les draps rêches et raides et m'endors, calme, béat comme un bébé gavé.

Fort de ce premier pas, je n'hésiterai plus à le rééditer, et maintes fois, ce qui sera un exploit quand les conditions atmosphériques tomberont au plus bas. En Champagne, le climat continental fait descendre le thermomètre vers des températures sibériennes, et ce pendant de longues périodes. Un froid que l'on apprend à maîtriser et si, le courage manquant, on n'y parvient pas, pour faire illusion on substitue à l'eau du puits l'eau de Cologne. Et le tour est joué. Une pratique courante à la cour de Versailles. Pourquoi pas à Bricourt ?

J'apprends ainsi à travers l'épreuve de la toilette que le premier pas coûte toujours et que le second en est la récompense.

Léger, sentant bon le savon de Marseille, je démarre cette nouvelle journée en fanfare, c'est-à-dire en musique. La musique qui, avec le sport et le dessin, entre dans cet éventail de matières annexes souvent négligées mais dont le rôle pédagogique me semble primordial. Du développement des sens, qui éveillent la curiosité, dépend l'avenir intellectuel. Quant à la morale et à l'instruction civique, elles restent incontournables. Cependant, si je prends en compte les énormes carences de ces enfants dans les disciplines essentielles, j'éprouve des scrupules à sacrifier, au profit de l'accessoire, le temps que je pourrais consacrer à la lecture, à la grammaire et au calcul. Parallèlement, je sais aussi que cette année sera insuffisante pour hausser le niveau des connaissances à un point susceptible de leur donner une chance de réussir l'exploit de leur adolescence : le certificat d'études. Alors dilemme. Un dilemme que je résoudrai quand il me taquinera trop. Et je tourne la page.

J'enjambe donc allégrement ce cas de conscience et installe sur le bureau le Teppaz, cadeau inestimable de mon frère, pour une première initiation musicale. Au programme : Sidney Bechet, Armstrong et un negro spiritual. J'en profite ici pour remercier l'Amérique qui, après nous avoir refilé le phylloxéra, se rachète avec le jazz.

Ce choix ne résulte pas d'une quelconque réflexion. Il crève l'entendement comme une évidence. Le « Nouvelle-Orléans » est la seule musique que je connaisse vraiment, que j'écoute souvent, pour laquelle je vibre toujours et qui possède un pouvoir de stimulation psychophysique incomparable. Si j'ajoute que l'aspect rudimentaire de son interprétation la rend facilement accessible à des néophytes et que son origine ouvre sur un débat social, moral et historique, je ferais une faute élémentaire de pédagogie en lui préférant Mozart ou Beethoven.

Je suis d'autant plus convaincu d'être dans la vérité que je n'ai pas d'autres 45 tours dans mon étique discothèque, Brassens excepté, que je réserve à d'autres fins.

Après que la classe a écouté en silence *On the Sunny Side of the Street*, j'interroge en recalant le début du morceau :

« Qui peut me dire quel est cet instrument ? »

Je laisse aller les réponses aussi fausses que variées puis explique à chaque chorus :

« C'est un saxo soprano… ensuite vous entendez la clarinette… la trompette… le piano… au fond, la batterie, etc. »

Nous passons quelques minutes à écouter, reconnaître et mémoriser cinq ou six instruments à embouchure, à anche ou à cordes. Puis je traduis le titre pour ébaucher l'histoire de l'esclavage que je poursuivrai au cours de prochaines séances qui s'avèrent nécessaires tant ils m'assaillent de questions.

Quelques minutes de jazz suffirent pour nous mettre en train, parler musique et ouvrir une brèche dans leur apathie intellectuelle avec les espoirs que cela suscite.

Tout en me laissant bercer par les mélodieuses improvisations des inventifs Armstrong et Bechet, je réfléchis à des opportunités – par exemple, les événements très marquants de ces derniers mois – pour servir de prétextes à d'autres discussions qu'ils ne manqueront pas d'alimenter et dont je ne les priverai pas. Et cette année, ils furent légion, ces événements : de Gaulle président, l'autodétermination en Algérie, les Barbudos de Castro à Cuba, Lunik 2 sur la Lune, la première bombe atomique française, le Marché commun, les satellites, la mort de Bechet, de Boris Vian, etc. Une manne riche et variée dans laquelle je puisai morale et instruction civique.

Il m'arriva occasionnellement d'emboucher l'harmonica pour *Saint Louis Blues* ou *Summertime*. Je m'amusais à suivre leurs pieds battant la mesure sous la table. Petits et grands participaient irrésistiblement au rythme, ce tempo du cœur qui, avec le chant des oiseaux et la plainte du vent, enfanta la musique.

Si, aujourd'hui, je la place en début de matinée par caprice personnel sans autre raison que nous dynamiser, par la suite je l'utilisai plus volontiers comme dérivatif lorsqu'une tension excessive ou la fatigue sidérait leur attention. Après un *When the Saints Go Marchin' in* bien enlevé qui décongestionnait les esprits, les retrouvailles avec l'imparfait du subjonctif paraissaient moins fastidieuses.

La classe devait rester attractive, jamais ennuyeuse, car je voulais arriver à ce que l'heure de la sortie les surprenne.

Avec ce principe et d'autres restant à trouver, pourquoi ne réussirais-je pas à aiguiser leur appétit de savoir et peu importe que ces connaissances soient hors sujet, pourvu qu'elles donnent envie.

Une première modification de l'emploi du temps s'imposa donc. Je notai en lieu et place des horaires prévus : musique, morale, instruction civique et dessin quand l'opportunité se présenterait. Et je soulignai le pied de nez que je faisais à la rigueur académique.

Roger, le facteur, n'entre jamais dans la salle de classe. Il appuie sa bicyclette contre le mur et, sans descendre, frappe au carreau… pour ne pas déranger !

Maigre, rougeaud et l'œil sans cesse larmoyant, il inspire la pitié à qui le découvre. À tort. L'homme s'est imprégné des aspects les plus positifs de son métier et la passion avec laquelle il l'exerce frise le sacerdoce… Comme presque tous les facteurs ruraux à cette époque.

Et comme presque tous les facteurs, il ne refuse jamais la petite goutte qui lui donne l'élan nécessaire à la poursuite de sa longue et éreintante tournée ainsi qu'une protection indiscutable contre les frimas. En dehors de son rôle prophylactique, ce coup de l'étrier, vieux comme les diligences, témoigne surtout une marque d'amitié et de reconnaissance pour celui qui, bravant les intempéries chaque jour, apporte les nouvelles et rend visite, souvent l'unique visite pour beaucoup de vieux, seuls, désœuvrés, malades et qui n'intéressent plus grand monde. Il est un trait d'union, Roger. Habité par la compassion que sa longue fréquentation de la misère physique et morale a développée, il s'arrête systématiquement là où il sait qu'on l'attend. Il prend le temps de s'asseoir, de bavarder, de raconter, prêtant ainsi le flanc aux ragots des malveillants qui le traitent de lambin. Mais il n'en a cure, Roger, des ragots. La mesquinerie ne l'atteint plus depuis qu'il s'est investi dans ce rôle social et humanitaire qui donne une vraie dimension à son pénible métier de facteur.

Souffrant d'une rhinite chronique professionnelle, il a souvent la goutte au nez qu'il ne mouche pas mais laisse aller au gré du vent. On le surnomme donc tout naturellement « Gueutte au nez ».

Durant les grosses chaleurs, Roger achève régulièrement sa tournée à pied, pathétiquement accroché à sa bicyclette. Le couple louvoyant n'en finit pas de traverser le village sous le regard indulgent de ses clients.

Son dévouement et sa générosité se portèrent sur le foie. Il n'atteignit pas la retraite.

Ce matin, au milieu des lettres des syndicats d'initiative qu'il apporte, une enveloppe tamponnée au bureau de poste du chef-lieu de canton m'est destinée. L'adresse approximative rédigée d'une main malhabile me laisse penser que l'auteur n'a pas dû user longtemps ses fonds de culotte sur les bancs de l'école. Je décachette machinalement en regagnant l'estrade et extirpe une page de cahier quadrillé que je parcours en diagonale sans tout comprendre. Je m'applique et apprends à travers une écriture chaotique qu'une anonyme « na d'ieux que pour moi et quel voudrè bien me rencontré vendredi soir sur la route de Vernois à 6 heure ou que la forée commance ver la cabane du cantonié ». L'intention et les motivations sont claires et le rendez-vous précis. La dame sait ce qu'elle veut.

Je me dis que les affaires reprennent. Ce billet doux, touchant par son côté naïf et un rien romantique, incite à fermer les yeux sur les fautes et maladresses de cette dulcinée. Honnête, elle ne cherche pas à faire croire qu'elle a inventé la poudre, ce qui, selon Brassens, est superfétatoire.

En manque d'amour ou de tendresse, je me laisse bercer d'illusions jusqu'au soir, jusqu'à ce que, face à mon lit-cage en désordre, le douloureux et proche souvenir de ma mésaventure prenne le dessus et me décide à élucider le mystère de l'inconnue avant de donner suite à son invitation. N'ai-je pas pris la ferme résolution de contrôler les pulsions indignes de l'homme raisonnable que ma fonction exige ? N'empêche que la tentation est grande de passer outre !

Si je raye Mauricette de ma liste encore vierge de suspects, je ne vois qu'elle pour mener à bien l'enquête. Pas susceptible pour un brin et sans amour-propre, elle ne prit pas ombrage du violent sermon que je lui avais infligé et demeure ma femme de ménage toujours dévouée. Simplement, je la tiens physiquement à distance.

L'anecdote cocasse l'amuse et excite sa curiosité, ce dont je ne doutais pas. Mauricette accepte plus que volontiers de relever le défi.

Pièce à conviction en poche et ayant déjà une petite idée sur la question, elle prend à cœur et en main les investigations. Dépister la « coupable » parmi cette petite population qu'elle connaît mieux que personne ne sera pas sorcier, du moins l'affirme-t-elle.

Dès le lendemain, peu de temps avant la classe, Mauricette entre en trombe, ne s'excuse pas de me trouver en tenue légère et m'annonce :

« Je vous donne en mille qui vous a écrit... Vous ne devinerez jamais... Mariette... Oui, votre élève, la mignonne petite Mariette... Allez, ne faites pas cette tête-là, vous auriez pu tomber plus mal. Elle est délurée depuis un moment, la Mariette... Croyez-moi... »

Ainsi, ce regard noir profond, tendre et toujours humide qui me suit sans cesse... C'est donc ça. Et ce regard-là n'a pas quatorze ans.

« Alors ! s'exclame Mauricette, qui s'étonne de mon étonnement, j'ai bien fait comme elle, moi, et après ! »

Mariette, la seule fille unique du groupe, une belle gosse brune à la silhouette plaisante, assise au fond de la classe, qui parle peu, souvent solitaire et rêveuse. Ses yeux ne regardent pas, ils caressent. Des yeux ailleurs… qui pensent à autre chose.

En revoyant Mariette en classe, je finis par accepter, sans grande conviction, l'idée choquante qu'une enfant puisse être cette amoureuse secrète. J'eusse préféré l'ignorer.

Qu'une Mauricette congénitalement dépravée ait tenté très jeune de satisfaire une libido précoce, je le conçois, mais la sage Mariette, si réservée !… « C'est pas Dieu possible », se serait exclamée ma grand-mère avant d'ajouter, clairvoyante : « Toujours se méfier d'une eau qui dort. » Confronté à une situation extravagante, et surtout inédite, je ne sais par quel bout la prendre et quel comportement je vais devoir adopter dans quelques minutes quand je serai face à cette diablesse de gamine.

Je ne prendrai certes pas le risque d'honorer ce rendez-vous pour lui faire la morale. Et si d'aventure il s'agissait d'une autre ! Quelle surprise vendredi à la cabane du cantonnier !… Ou alors la confondre au sortir de la classe… Pour la déstabiliser, l'humilier et compromettre son année ? Qu'est-ce qui peut bien se cacher derrière ces yeux-là ? S'y cachent, évident, un sacré culot et certainement aussi, paradoxalement, une extrême fragilité. Autant dire un mélange détonant à manipuler avec grande précaution. Quoi qu'il en soit, je dois la ménager et oublier mes états d'âme.

Mauricette, qui n'a pas daigné dévoiler ses sources d'information, me laisse en plan et dans l'expectative.

Derrière les persiennes, indécis, j'observe les enfants qui s'alignent devant la porte de l'école et m'attendent en papotant. Je tergiverse et prends du retard. Finalement, nous entrons en classe sans que j'aie le moindre projet pour Mariette. Je décide seulement de lui parler peu, de la regarder moins, mais en revanche j'essaierai de lui faire comprendre que je sais et m'en tiendrai là. Ensuite… attendre et voir, une sage attitude peu compromettante.

Mais, perturbé, je mets la charrue avant les bœufs. Profitant d'un exercice qui rive tous les enfants le nez sur leur cahier pour passer derrière Mariette, je pose délicatement ma main sur sa nuque. La réaction, instantanée, me surprend. Elle creuse l'échine comme une chatte, ouvre grand la bouche, inspire violemment et tourne la tête vers moi. Son regard de jais brûlant croise le mien et me pénètre. Étrangement troublé, pris à mon piège, je recule et bats en retraite.

Si cette scène me convainc que Mauricette vit juste, elle me convainc aussi qu'il est facile de se perdre à cause d'un regard de feu, fût-il celui d'une nymphette.

J'obtins définitivement confirmation après comparaison des écritures et surtout lorsque je sus que la coquine n'attendit pas plus d'une lune pour se consoler dans les bras d'un maquignon d'une trentaine d'années, marié et père de deux enfants. Ce qui n'étonna ni offusqua personne !

Un soir à table, bien avant que ne fût connue cette idylle, la conversation tourna autour des élèves, de leurs caractères, de leurs aptitudes, de leur comportement et, évoquant Mariette, Lucie la catalogua :

« C'est une vicieuse, ça se voit. »

Considérant que désir n'est pas vice, j'aurais plutôt dit : « C'est déjà une femme. » Je me félicitai pour cette formule qui justifiait l'indulgence et l'absolution que je finis par lui accorder.

Je ne connais de l'adolescence que ce que fut la mienne. Un bagage de chemineau pour affronter l'Everest. Si mal nanti, comment vais-je pouvoir appréhender, après le cas Mariette, tous les autres qui suivront ?

Quels crocs-en-jambe me réserve demain puisque je n'ai encore foulé que quelques mètres de ce long chemin que j'entrevois désormais piégeux ? Bombard sur son youyou, seul dans la tourmente d'un Atlantique prédateur dont il se joua, voilà une des grandes victoires de l'homme sur l'adversité qui devrait me rassurer. Mais le petit maître d'école n'est pas Bombard et les expériences des autres, dit-on, sont « des cadeaux utiles qui ne servent à rien ». Alors je tends le dos.

Le quotidien reprit ses droits, moi mes esprits et le temps dilua l'incident dans les remous qui ne manquèrent pas d'agiter mon séjour.

Ce matin, la Providence vient à mon secours : Gueutte au nez m'apporte une bonne raison de me réjouir avec, enfin, la convocation pour la journée pédagogique qui se tiendra au chef-lieu de canton jeudi en quinze.

Depuis la rentrée, intuition, bon sens et bonne volonté guident mes pas dans une démarche didactique qui va clopin-clopant. J'innove par ignorance et mes improvisations au jour le jour ont certes meublé ce bout d'essai de quelques semaines, mais la panne d'idées n'est pas à exclure.

Cependant, mon handicap, loin de me desservir, en stimulant mon imagination, m'amène à prendre des initiatives, certainement peu conventionnelles, mais fructueuses. « Inconscience ! Irresponsabilité ! » s'exclameraient sûrement, indignées, quelques vieilles barbes conservatrices… si elles savaient.

Pour l'heure, à travers cette liberté d'expression et cette indépendance, j'ai l'agréable sentiment de m'épanouir dans la création. Chaque jour m'apporte une nouvelle expérience, une nouvelle richesse et la tâche, devenant progressivement passionnante, perd son sens péjoratif. Puisse-t-elle à terme se confondre avec loisir rémunéré !

Aux Beaux-Arts, l'élève apprend consciencieusement les règles strictes de l'académisme avant de s'en affranchir plus tard s'il est un artiste digne de ce nom, car « l'art est un cheminement studieux vers une école buissonnière ». Pourquoi l'art d'enseigner échapperait-il à cette encourageante perspective ?

Pour ma part, forcé et contraint, j'ai commencé par la fin.

À l'aise dans ma marginalité, mais conscient de ses risques et de ses manques, j'attends donc impatiemment cette réunion où mes carences devraient trouver remède dans les directives et conseils savants de celui qui apporte la bonne parole : M. l'inspecteur primaire.

Aujourd'hui, c'est Radio Luxembourg qui me tend la perche avec son émission « Quitte ou double » pour la première interrogation orale en histoire et géographie. Ce jeu intellectuel très populaire suivi assidûment par chaque foyer et dans lequel l'Abbé Pierre s'illustra, accommodé à ma sauce, devrait recueillir les suffrages des élèves en rompant avec la routine, cette routine affligeante dans laquelle se complaît l'enseignant de base assez peu imaginatif parce que prisonnier du moule indéformable d'une école normale sclérosée.

L'« interro » ! Test redouté s'il en est qui précède la sanction et met sens dessus dessous quand son heure approche, petite crainte pour l'un, forte angoisse pour l'autre selon l'état des connaissances ou le tempérament, mais toujours une émotion à surmonter. Même le fat goguenard n'y échappe pas, qui la dissimule mal sous son déguisement ridicule.

Comme des moutons au pâturage pressentant l'orage, les futures victimes trépignent et se métamorphosent. Un mélodrame se prépare. Les visages deviennent masques glabres, les doigts moites s'agitent et triturent, bouches et gorges sèches cherchent de l'air, les dents sacrifient le dernier porte-plume et, sur le banc, les fesses ne trouvent plus leur place...

Cette épreuve scolaire préfigure les embûches qui jalonneront bientôt la vie sociale et professionnelle et, pour cette raison, elle ne doit pas être occultée. L'école a pour mission de marier savoir et mental et d'en faire ce couple idéal capable d'affronter les vicissitudes de l'existence avec sérénité. Comme le savoir, la force morale s'acquiert, encore faut-il lui donner toutes les occasions de se développer et la terrifiante « interro » en est une.

Par contre, dans un premier temps, en faire un défi ludique me semble un bon moyen de la dédramatiser et d'en éliminer les manifestations déstabilisantes pour équilibrer les chances entre les plus hardis et les grands émotifs. Mais l'émotif ne se débarrassera jamais totalement de ce handicap qui interdit certaines responsabilités et l'examen quel qu'il soit est là, impitoyable, pour le dépister et le sanctionner. Il ne s'agit pas d'injustice.

En lever de rideau pour cette première, je désigne un volontaire, Jean-Michel, chef de classe et de surcroît élève brillant, qui jouera le rôle du candidat et essuiera les plâtres.

Le questionnaire que j'ai concocté et dont la difficulté va croissant vise à vérifier les acquis depuis la rentrée mais aussi les restes de l'an passé.

Jean-Michel recevra un point pour la première bonne réponse, deux pour la deuxième, quatre pour la troisième et ainsi de suite, doublant chaque fois son capital mais à ses risques et périls puisqu'en cas d'échec ce capital retombe à zéro. Toutefois, il pourra abandonner quand il le souhaitera, et là se cache le piège de la compétition.

À ce moment précis, il appartient au candidat de cerner au plus près son potentiel, d'évaluer ses chances et ses limites pour être payé à sa juste valeur et toute erreur d'appréciation se voit fatalement sanctionnée.

Apprendre à se connaître : une démarche si rare que bien des hommes meurent sans avoir jamais su qui ils étaient vraiment.

Je fixe la moyenne à seize points, soit cinq bonnes réponses, de façon que chacun ait au moins cette ambition.

Jean-Michel a passé ce cap sans encombre sous les applaudissements de ses camarades. Et à nouveau le choix fatidique : « Quitte ou double ? » pour un gain de trente-deux points. L'opulence !

Jean-Michel se mord les lèvres, hésite, lance une œillade vers la salle où les spectateurs, ses fougueux supporters, l'encouragent avec véhémence :

« Vas-y, Jean-Michel… Te dégonfle pas… Continue… »

L'auditoire fait monter la pression et la tentation est grande de poursuivre.

Sous influence, a-t-il encore toute sa clairvoyance ?

C'est l'instant où orgueil et raison entrent en conflit. La lucidité s'effrite. Les secondes s'écoulent et le candidat, sur des charbons ardents, doit maintenant décider… Ou le pactole, ou ce misérable gain, ou le fiasco… Je me régale. Un ultime « Allez Jean-Michel ! » s'élève du parterre…

« Double », lance-t-il à bout d'embarras.

La salle applaudit, première gratification.

Qui de l'orgueil ou de la raison l'a emporté ? J'escompte qu'il me l'avoue avec franchise pour ultérieurement débattre sur l'ambiguïté de ce cas de conscience et du rôle prépondérant de la concentration. Les dés jetés, la question tombe, sèche, définitive :

« Quel est le chef-lieu de la Creuse ? »

Jean-Michel pâlit. Ses yeux écarquillés montent au plafond y chercher la lumière… « Perdu », pensé-je. D'une main il se frotte le menton, ses joues reprennent teinte, virent au rose puis au rouge. C'est déjà la honte qui s'installe. Lui, le meilleur, ne sait pas. L'échec insupporte toujours les meilleurs. Dépité, encore cramoisi de confusion, Jean-Michel regagne sa place, tête basse. Silence…

« Moi, je sais », chuchote Annette en levant un doigt timide à la stupeur générale.

Annette, toujours effacée derrière Mireille, sa bavarde de sœur, ne s'est pas encore mise en avant. Plutôt discrète et passive, elle se manifeste uniquement quand je le lui demande, jamais de son propre chef. Étonné mais ravi de ce changement de comportement, je l'invite à répondre :

« Félicitations, Annette, nous t'écoutons.

– Guéret, m'sieur, répond-elle, de sa voix douce, presque gênée.

– Exact. Mais comment t'es-tu souvenue de ce département méconnu et auquel nous n'avons pas encore écrit ? lui demandé-je.

– En regardant la carte, je suis tombée par hasard sur Guéret et mon grand-père appelle ses cochons des gorets... »

Et la classe de pouffer mais aussi de se souvenir à jamais de Guéret, chef-lieu de la Creuse.

La suprématie de Jean-Michel mise à mal, les élèves, en retrait dans son ombre, allaient-ils prendre confiance, se décomplexer et s'exprimer plus librement ? La mésaventure du leader auraitelle fait naître une espèce de stakhanovisme ? C'est ce que l'intervention inopinée d'Annette me laisse espérer.

Deux autres concurrents seront mis sur le gril. Forts de l'exemple précédent et surtout peu téméraires, ils se satisferont d'un maigre gain.

La similitude avec l'incontournable jeu radiophonique du célèbre Zappy Max les a conquis et nous convenons de lui donner suite.

Et sur l'emploi du temps une nouvelle fois raturé, j'inscris : *« Quitte ou double » mardi après-midi.*

Les vents ont tourné cette nuit et Jean-Jean, qui lit l'avenir du ciel dans les girouettes comme Geneviève Tabouis celui du monde dans l'actualité, nous annonce la fin toute proche de l'été indien champenois.

« Et y a pas qu'le vent, précise-t-il, le ciel rouge ce matin derrière le "Grand Bois"… pas bon signe, hein, Fernand ? Non, jamais bon signe, ce ciel rouge. On va être rincés et on vendangera encore les pieds dans l'eau comme tous les ans, hein, Fernand ? Déjà qu'on n'a pas beaucoup de degré… »

Vendanger ! Le mot a dépassé sa pensée. Grappiller eût mieux convenu car, avec ses quatre rangs de noa hallucinogène, d'oberlin et de baco dégénérés – un demi-journal tout au plus –, il n'a pas de quoi s'occuper une petite matinée. Malgré ce, notre cheminot vante ses quelques mauvais pieds de vigne, son seul patrimoine, comme un riche vigneron de la côte de Nuits louerait son clos de Bèze. Mais la fierté touchante de Jean-Jean pour son modeste bien impose indulgence et respect.

Faisant confiance à ce prévisionniste incontesté, je profite de cette dernière journée ensoleillée qui illumine l'automne naissant et choisis de m'enfoncer sous la haute futaie du « Grand Bois ». À la lisière, je traverse ce qui fut sûrement jadis une carrière de glaise d'excellente qualité au demeurant, destinée, au siècle dernier, à l'industrie locale de poterie et de tuilerie qu'évoquent encore deux ou trois lieux-dits. Mais pour moi, glaise suggère une tout autre utilisation et je lui prévois un destin moins terre à terre. Je rentre sur-le-champ au village pour emprunter brouette et pelle.

Le « Grand Bois » et moi aurons bien d'autres occasions de nous revoir.

Deux heures plus tard, je dépose au fond de la classe sous des sacs de jute humides de quoi occuper pour des semaines les mains et l'imagination des petits comme des grands. La rencontre providentielle avec cette terre vient de me libérer d'un souci.

À ce jour, sans idée précise sur la façon de traiter le cours de dessin, je l'ai occulté. La main, par vocation, appréhende d'abord les trois dimensions de l'espace et met du temps à être à l'aise dans cet exercice. Lui imposer prématurément deux dimensions sur une feuille de papier complique sa tâche. De quoi rebuter les moins doués. En revanche, le modelage doit convenir à tous, qui perfectionne par le jeu la fonction initiale de cette main. Même s'il ne s'agit au début que d'une manipulation anarchique, sans objectif défini, elle parfait le développement du sens tactile, ce besoin maniaque de tout gosse toujours réprimé. « Ne touche pas » suivi d'une tape sur les doigts, voilà la réaction habituelle de parents sanctionnant l'enfant qui obéit à sa curiosité naturelle. Les mains dans l'argile, sans interdit, celui-là va pouvoir savourer son plaisir.

En modelant, les doigts s'informent en même temps qu'ils s'expriment. Ainsi les enfants dotés d'une kinesthésie plus élaborée chercheront à réaliser des formes intentionnelles qui aiguisent, en sus du toucher, le sens de l'observation. Des formes que les doigts triturent, modifient ou complètent à leur guise. Art éphémère qui, au gré des caprices de l'artiste en herbe, fait d'un chien un chat, d'abord le dos rond puis assis et enfin allongé… pour finir broyé, déchiqueté, cruellement sacrifié sur l'autel de la déception et de la colère. C'est aussi une école de patience et d'humilité, le modelage.

Le plaisir ébauché dans la libre improvisation atteint son comble quand l'enfant, ayant réalisé son intention d'origine, éclate de joie en brandissant son œuvre.

Le modelage recèle bien des richesses éducatives.

Avant de regagner le café, je ne résiste pas à la tentation de mettre la main à la pâte et de renouer avec cette sensualité si particulière que procure l'argile. Je plonge avec délectation dans le bain de la création et dégrossis en deux temps trois mouvements un personnage assis… Ce sera un vieillard sur son banc… que je laisse en plan sans trop me faire violence car les effluves du civet annoncé chez Lucie – par quel mystère ? – chatouillent mes narines. Et le civet de Lucie ne saurait attendre.

Il est des règles de bienséance à ne pas enfreindre…

Je réintègre mon atelier de fortune juste après le pousse-café, cette médication radicale, naturelle et ancestrale de la dyspepsie, assez éloignée toutefois de la médecine douce !

Peu à peu, le petit vieux sur son banc sort de l'anonymat : la barbe pousse, la casquette tombe sur les yeux, les mains noueuses se posent sur les genoux… J'avance et, ce faisant, je me revois enfant avec mon grand-père, sous l'appentis, en train de façonner les sujets de la crèche de Noël que j'avais décidé de réaliser, pas peu fier d'apporter ma contribution à la fête… La crèche ! Un thème qui pourrait bien faire l'unanimité chez les enfants, pour peu que je leur prête main-forte. Tandis que je pétris, l'idée fait son chemin. Et le lendemain, après une courte hésitation, c'est d'une seule voix qu'ils adoptent le projet quand un argument de Mireille force leur décision :

« On l'exposera avant les vacances et on fera payer les gens pour renflouer la coopé… Au moins cinq cents francs l'entrée… »

Inattendue et déconcertante, mais pertinente, il faut le reconnaître, cette offre bouleverse ma démarche.

En choisissant la crèche, cette tradition que toute famille, croyante ou non, perpétue, je ne recherchais qu'une source de motivation attractive et un objectif consensuel. Rien d'autre. Rien d'autre que quelques animaux, Jésus, Joseph et la Vierge qui, achevés, s'exposeraient en rang d'oignons sur une étagère. Rien de choquant ni de compromettant pour quiconque. Mais présenter à l'école la Sainte Famille et faire de l'argent sur son dos, voilà qui relève et du sacrilège, et du crime de lèse-laïcité ! Je ferais d'une pierre deux mauvais coups.

Bien que maître chez moi, mais dans l'expectative, je consulte M. le maire. Et M. le maire, en deux phrases, m'ôte mes scrupules. Il ne pense que du bien de cette « heureuse initiative » et la salue. À peine vient-il de recevoir une première gifle académique après avoir introduit le curé dans l'école qu'il n'hésite pas, cette fois avec le petit Jésus, à tendre l'autre joue en bon chrétien qu'il est. M. Richard ne s'en laisse pas conter.

Ainsi, après son serviteur, Jésus-Christ en personne investira donc l'école publique et le miracle que lui demande Mireille devrait être à sa portée : sauver la sacrée coopé. Les gosses y tiennent tellement !

La longue mise en œuvre de cette nouvelle activité qui transforma la classe en champ de foire nous amena, d'un commun accord, à la programmer en fin de journée, après les cours. Mais toutes les familles n'acceptèrent pas que leurs enfants « perdent leur temps » quand ceux-ci devaient participer, en rentrant de l'école, aux travaux de la ferme. Ce que je compris fort bien, et les intéressés furent invités à venir une heure ou deux le jeudi.

Hors classe et la bride sur le cou, les enfants, détendus, s'activèrent efficacement dans une joyeuse ambiance unissant création et récréation. Un mariage fort réussi qu'un seul incident de parcours perturba. Sans conséquence. Le père d'une élève que ses petits camarades avaient badigeonnée de boue de la tête aux pieds vint en classe me chanter pouilles. Il s'en mordit les doigts dans la minute. Je l'expulsai sans prendre de gants en lui rappelant que l'immixtion des parents dans l'école, en règle générale, m'agaçait. Il fit passer le message et son intervention, en l'occurrence malvenue, ne fut suivie d'aucune autre.

Un âne, un bœuf plus africain que champenois, et deux volatiles étranges sortis de quelque basse-cour dadaïste – œuvres ésotériques de mes deux petits galopins – virent le jour un mercredi soir, veille de la journée pédagogique.

Une journée qui se mérite. Quinze kilomètres de bosses à bicyclette sous les bourrasques d'une pluie froide qui balayent la route. Rude épreuve pour le convalescent que je suis encore. Malgré mon poumon en capilotade et des mollets cotonneux, dopé par l'enjeu et les conditions atmosphériques exécrables, j'oublie mon invalidité et avale la distance au prix d'un bel effort. Trempé, le souffle court et les jambes flageolantes, j'entre dans une vaste cour où, sous le préau, de nombreux collègues agglutinés papotent bruyamment. Pour tous ou presque, ce sont les premières retrouvailles d'après-vacances et à entendre ce brouhaha, ils doivent en avoir, des choses à se dire !

Je m'infiltre, repère les visages les plus amènes et me présente à quelques-uns. Le petit nouveau reçoit de la plupart l'accueil qu'il espérait, chacun y allant, avec un sourire affable, de ses félicitations et encouragements. Les chaudes poignées de main qui accompagnent ces manifestations de sympathie me délivrent une sorte de certificat d'adoption de la part de la très respectueuse Éducation nationale. Un premier contact des plus réconfortants.

Le bourdonnement qui emplit le préau soudainement se tait. M. Ravy, inspecteur primaire, fait son entrée. L'homme, grand, glacial, cheveux gris, pardessus bleu sombre, nous toise, condescendant, en traversant lentement la cour. Il passe en revue sa troupe silencieuse, figée, soumise. Tous ont rectifié la tenue et les sourires sont devenus rictus.

Les moutons s'attroupent, s'organisent et, comme des chenilles processionnaires, s'étirent en une longue file pour pénétrer dans une classe sur les talons de leur berger d'inspecteur. Dans son dos, un quarteron de femmes rompt les rangs, accélère le pas, joue des coudes et se jette sur les premiers bancs, bien en vue sous le nez de M. Ravy. Ses groupies.

Je me retrouve avec l'arrière-garde, les anciens dont l'air blasé et absent contraste avec l'enthousiasme débordant des premières lignes.

Une très expéditive allocution de bienvenue sans chaleur augure de l'empressement de M. l'inspecteur à entrer dans son sujet sans perte de temps en palabres inutiles. J'apprécie. En préambule, probablement pour évacuer rapidement la question, il évoque, avec une certaine agressivité, les problèmes que rencontre la profession. Il dénonce tour à tour le manque d'effectifs, le manque de crédits, les traitements de misère, etc., tout ce qui met entrave au bon fonctionnement de cette noble administration, un domaine que je croyais du ressort des syndicats. Mais l'amour du métier semble porter cet homme qui sort de ses gonds et de son rôle de formateur pédagogique pour la bonne cause. Il s'envole, s'enflamme, se désespère, s'insurge car la guerre d'Algérie entre en scène et lui sert d'appoint pour noircir encore le sombre tableau qu'il brosse. « Meurtrière, inutile cette guerre… Tous ces petits gars que l'on envoie à la mort pour rien… Ces mères, ces sœurs, ces veuves qui pleurent… Tout cet argent gaspillé… » Le préambule redondant se noie dans l'acrimonie et s'étire, s'étire. Que le ton baisse ? Alors le premier rang relance l'ardent tribun qui redouble de véhémence. Devant, la révolte gronde, les esprits s'échauffent. D'un geste sec de la main, impérial, il impose le silence et repart au combat.

Derrière règne un calme froid. Mes voisins, apathiques, la tête entre les mains, écoutent peut-être, somnolent plutôt. Ils rêvent. Je vois bien celui-ci au bord d'un ruisseau à truites la canne à la main et celui-là saucissonnant au poste en attendant le chevreuil. Ils sont ailleurs. Absentéistes présents.

La fatigue, la pluie qui crépite aux carreaux, cette litanie exaspérante... et mes paupières lourdes tombent. Je ne les retiens pas et m'assoupis...

Le dernier rang sursaute en chœur : la pause de 10 h 30 a libéré les langues et un caquètement aigu s'ensuit, qui emplit la classe. Autour de l'orateur au fiel tari et époumoné, un cercle se forme, et durant cet aparté les plus timides posent les questions qu'ils n'osèrent pas dans le silence de l'auditoire tout ouïe ou feignant de l'être. M. l'inspecteur promet de leur donner suite et n'y manque pas dès la reprise.

Le discours qui suit persiste dans la seule critique du système et des hommes. Insupportable. Si encore une proposition constructive venait à la rescousse de ce chapelet de dénigrements, j'accepterais cette intervention, hors programme certes, mais au moins elle apporterait un élément positif. Mais rien. Pas la moindre petite pierre à l'édifice que je sais maintenant croulant.

Dans son dos, les aiguilles de l'horloge tournent sans qu'il s'en soucie.

Midi approche et mes espoirs s'éloignent.

Mon collègue de gauche délaisse un instant sa gaule et ses truites et se tourne vers moi :

« Quand il s'égare dans le syndicalisme et la politique, il ne s'arrête pas. Il fait la grève de la fin », ironise-t-il avec un clin d'œil pour souligner son jeu de mots ; puis il retourne à sa rivière et moi à mon désappointement.

L'Éducation nationale et le gouvernement agonisent enfin et, d'une phrase assassine, M. l'inspecteur les achève. Jules Ferry se retourne dans sa tombe. Il est 11 h 30. Alors une petite voix obséquieuse s'élève du groupe de ses tout dévoués :

« Vous avez fait quoi, cet été, en montagne, monsieur ? »

J'ai bien entendu car mon voisin bougonne :

« Il ne manquait plus que cela !

– C'est-à-dire ? questionné-je, très intrigué par cette question saugrenue.

– Ravy a pour passion l'alpinisme... On n'est pas à table. »

Nous assistons comme si nous y étions à ses exploits de grimpeur dans les Aiguilles-Rouges à Chamonix et il lui reste une longueur de corde avant le sommet de la tour des Crochues quand midi sonne. Mais, tout là-haut, M. l'inspecteur, dans un ultime effort qui le fait encore grimacer, termine sa course et tombe en extase devant le grandiose, le sublime panorama du massif du Mont-Blanc. « La montagne, c'est le courage et la persévérance », deux qualités qu'il nous invite à cultiver pour nous élever dans notre profession.

Pour l'heure, c'est mon indignation qui a pris de la hauteur. Je gagne l'estrade où trône encore ce pâle Frison-Roche, écarte deux vieilles filles entrées en béatitude et lui fais part de mon ressentiment :

« Monsieur, je m'appelle Yvon Collin. Aujourd'hui, je devais assister à ma première formation pédagogique et à cette heure je n'ai encore rien entendu qui puisse m'apporter une aide quelconque. Aussi, je rentre chez moi. »

Demi-tour à droite puis, sous les regards médusés qui me font la haie, je m'éloigne d'un pas décidé. Fuir pour ne pas subir. Après un temps où il reste coi, l'inspecteur me hèle comme il rappellerait son chien :

« Monsieur… Monsieur Collin, revenez ici… »

Sans me retourner, je poursuis ma retraite. La pluie cinglante décuple mon énergie mais aussi ma colère. Pour me narguer, elle cesse lorsque je mets pied à terre devant *Chez Lucie* où l'on ne m'attend pas. Qu'importe, le pénible trajet de retour ne m'a pas aidé à digérer mon amertume et c'est du bout des lèvres que j'avale un reste de blanquette de veau. La mirabelle offerte par une Lucie apitoyée ne changera rien à mon humeur. Je passerai tout l'après-midi réfugié dans l'école, en compagnie du souvenir de cette matinée gâchée et de Sidney Bechet qui, lui non plus, ne pourra rien pour moi. Je tente d'occuper les heures avec des restes de terre trop sèche et, l'inspiration me boudant, la Vierge Marie envisagée prend les allures clownesques d'un Soutine. Sombre jour ! Et pourtant dehors, le ciel s'éclaire.

J'atteins le fond de mon désenchantement quand je m'entends appelé par une petite voix tristement vêtue qui se découpe dans l'encadrement de la porte restée grande ouverte. C'est une dame à frisettes grises, robe anthracite plissée, bas et souliers noirs. Seul un petit col Claudine blanc égaye cette austère apparition. Je reconnais d'emblée l'institutrice à l'approche de la retraite qui, ce matin, attira mon attention. Assise devant moi, elle ponctuait la prestation navrante de M. Ravy par de longs et profonds soupirs d'exaspération. Mais ne fit que cela. Soumise, elle aussi.

Je m'avance à sa rencontre :

« Bonjour, madame… Oui, je vous remets parfaitement. »

Elle parcourt la classe d'un regard triste mais plein de douceur.

« Vous avez une bien belle école, claire, spacieuse… Ça doit être agréable d'y travailler… Monsieur Collin, vous devez vous demander ce que je fais là. Eh bien, j'ai cru bon de venir pour vous mettre en garde. L'inspecteur a très mal pris votre intervention de ce matin. Vous l'avez humilié. C'est un homme très orgueilleux que personne n'a jamais contrarié. Je peux vous assurer qu'à sa première inspection il ne vous ménagera pas. Il l'a répété plusieurs fois. Méfiez-vous… De plus, l'école de Bricourt a mauvaise presse avec cette histoire de curé. Vous n'y êtes évidemment pour rien, mais lui fait l'amalgame.

– Merci, madame, de vous être dérangée, mais le mal est fait, si mal il y a, et quoi que je fasse, ça ne changera pas son opinion à mon sujet. Au fait, vous la voyez quand, cette inspection ? questionné-je.

– Alors là !... L'homme est un vicieux, il s'amuse avec vous comme un chat avec une souris. Il fait durer le plaisir. »

Je ne la rassure pas en lui expliquant que M. l'inspecteur, pour impressionnant qu'il soit, n'arrive pas à la cheville des adjudants de mon adolescence et que, par conséquent, il ne saurait troubler ma sérénité, d'autant qu'une petite voix intérieure me dit à l'instant même qu'il ne m'aura plus longtemps en catalogue comme client si d'aventure il s'avisait à me donner des leçons. Après cette journée de dupes, je ne lui en reconnais pas le droit. Désormais, je n'aurai plus la naïveté de croire que « l'exemple vient d'en haut ». Foutaise que cet adage-là !

L'embryon de foi que je sentais germer n'arrivera pas à terme, étouffé par M. Ravy.

La petite dame rondelette en son milieu et mince aux extrémités me regarde, pas plus étonnée que cela, peut-être même approbatrice, et à travers un sourire oblique indéfini qui écarte le rideau de rides sur son visage flétri, elle déclare :

« Je savais que ma visite ne changerait rien, mais j'avais envie de vous connaître. Vous n'avez pas marqué que l'inspecteur, monsieur Collin. »

En la raccompagnant, je la remercie encore pour sa généreuse démarche sans lui faire part, en sus, de la mauvaise opinion sur les enseignants qu'ont fait naître en moi cet inspecteur et son auditoire apathique à la servilité coupable. Elle en eût pris ombrage.

J'arrive chez Lucie au plus bas et, pour me crucifier dans mon marasme, quel gâchis : une omelette aux girolles trop cuite !

Ce vendredi matin, je vérifie que la nuit porte effectivement conseil. L'épouvantail Ravy aux oubliettes, son fantôme n'est pas venu hanter mon sommeil et, requinqué, j'aborde cette journée comme un nouveau départ.

Au réveil, je n'ai aucun mal à me convaincre que l'enseignement pédagogique que cet inspecteur prodigue, quand il le prodigue, doit logiquement lui ressembler et conclus, en conséquence, n'avoir rien perdu hier. J'ancre solidement cette conviction et décide de ne plus répondre à ses futures invitations et de faire route seul... avec mes gosses.

Orgueil, prétention, vanité ? À ceux qui m'opposeraient ces qualificatifs désobligeants, je répondrais : lucidité, bon sens, imagination, création, autant de valeurs qui nous habitent et que quelques efforts d'introspection peuvent dénicher et mettre au jour. N'est-ce pas plus valorisant de trouver en soi les solutions plutôt que de les copier par-dessus l'épaule de son voisin ? Et puis aussi, surtout, peut-être, ce besoin vital de reconnaissance et d'autonomie que je me découvris cet été prend le pas sur toute autre considération. Mais je me garde bien de me l'avouer.

La première heure à peine entamée, une douleur fulgurante sous l'aisselle, là ou la balle pénétra, me cloue sur place. Je m'agrippe à la chaise, incapable d'esquisser le moindre mouvement. Ma blessure, qui m'avait laissé en paix le temps de m'installer, se réveille avec une violence jamais ressentie. Prévenu par les médecins de cette possible manifestation itérative et imprévisible, je ne m'inquiète pas mais, sans moyen pour la combattre, je ne peux que serrer les dents. Les coups de poignard se succèdent, intolérables, et si mon calvaire doit durer, je ne me sens pas de taille à affronter les heures qui viennent. Puis je trouve une pincée de courage, j'écrase à la déchirer la large cicatrice chéloïde, l'orgueil fait le reste et je me redresse. Les enfants ont compris, ils me regardent et se taisent. Ils savent, par la rumeur, où je suis passé…

Mireille, qui lorgne sans cesse à la fenêtre, trouve incidemment le remède au mal :

« M'sieur, vous n'avez pas encore parlé de la classe promenade. »

La classe promenade ! Je ne l'avais pas oubliée, je lui cherchais une raison d'être, elle en aura deux. Une balade dans les chemins creux, rien de tel pour dissimuler ma souffrance – l'effacer, je n'ose l'espérer – et une occasion opportune de renouveler le stock de terre glaise.

Le marché conclu, à 14 heures, la troupe se met en marche, précédée de Didier, dans une bonne humeur subite, et de sa brouette.

Les enfants, qui vivent au quotidien la classe promenade en dehors de l'école, en connaissent un rayon sur leur environnement et éprouvent un malin plaisir à tester mes connaissances. C'est de bonne guerre ! Mais aussi, conscients de leur savoir, ils se proposent de me le faire partager et Jean-Michel de me rappeler :

« Vous nous aviez demandé de collaborer, ici on peut le faire, ça nous est facile. »

Et ils s'en donnent la peine, ravis de m'avoir comme élève et de l'occasion que je leur fournis de me rendre la monnaie de ma pièce.

Pendant deux heures, on écoute et on différencie les chants du merle, du pinson et quelques autres passereaux ; j'apprends à reconnaître les nids ; à confectionner un lien avec des branches filandreuses d'un petit arbuste, la « monseigne » ; à réaliser, conseillé par Didier et son inséparable Opinel, un moulin à aubes qui, dans le ruisseau, tournera pendant des semaines ; à faire un sifflet dans un morceau de noisetier qui se met à rouler les « r » quand Jean-Pierre y glisse une prunelle…

« Après un bon coup de gel, quand elles seront blettes, les prunelles, m'informe Didier, le plus rustique d'entre tous, j'viendrai les ramasser avec ma mère pour les mettre au tonneau. Qu'est-ce que c'est long à ramasser et en plus on s'pique ! Mais c'est la goutte préférée de mon père, alors, on est obligés… »

Le chemin s'enfonce dans le sous-bois, un autre monde, une nef sombre et fraîche où filtrent de longs rais obliques de lumière. L'ambiance de cathédrale fait spontanément baisser les voix. Je ramasse au sol une poignée de faines brunes et raconte qu'on en tirait jadis de l'huile et là aussi il fallait une belle patience à celles qui se chargeaient de la récolte car c'était le plus souvent le travail des femmes. Ce fut ma seule contribution à notre école buissonnière.

Tandis que les deux petits chiens fous, Alain et Robert, toutes vannes ouvertes, crient, se chamaillent, caracolent en tous sens ivres de liberté, les demoiselles Richard ne changent rien à leur comportement habituel et suivent, côte à côte, les ornières du chemin, imperturbables et disciplinées. Autour d'elles, discussions, observations, explications, rires et farces, pêle-mêle, ricochent de Mireille à Jean-Michel, d'Annette à Mariette puis à Jean-Pierre, dans une euphorie que je ne saurais refréner… Ils ne se tariront qu'en passant la porte de l'école, quatre murs tristes qui rappellent à l'ordre.

La classe promenade m'a conquis. J'ai laissé ma douleur sous quelque grand hêtre et reviens enrichi d'un nouveau savoir. Seul vrai bénéficiaire de cette escapade champêtre, je ne réserverai par la suite qu'un rôle très accessoire à cette activité parascolaire, lui préférant le sport, ce trop souvent laissé-pour-compte.

Le soir, entre le ragoût de mouton et une tarte aux poires, j'évoque notre sortie et la conversation saute du « Grand Bois » au ruisseau, passe par les hêtres séculaires pour aboutir au mur effondré du parc du château. Le château ! Fernand et mes trois acolytes bricourtois vont-ils enfin me le raconter ?

« Le château… le château, ou ce qui en reste, c'est pas le village. C'est à part et j'y ai jamais mis les pieds, confesse Fernand.

– Moi non plus, ajoute Bébert, et la comtesse, cette vieille folle, si elle en sort quatre fois par an, c'est bien tout. Et puis elle est pas de Bricourt, alors on s'en fout. Ah ! il a dû s'en passer des choses, dans le temps, au château. »

Je multiplie mes questions mais n'en apprendrai guère plus sur la seule richesse patrimoniale de ce pauvre village en dehors de son église décapitée et de son lavoir.

Un immense parc muré, enchevêtrement impénétrable, le dissimule aux regards et le tient à l'écart des indiscrets. À en croire Fernand et les autres, il menacerait ruine comme celle qui l'habite, une « vieille bique » décatie et sauvage. Personne ne l'a vue naître et tous pensent qu'ils ne la verront pas mourir, se faisant à l'idée qu'elle est un élément indissociable du château, une espèce de gargouille réincarnée.

Féru de vieilles pierres, curieux de comtesse folle et intrigué par le mystère qui entoure ce que j'imagine être une somptueuse demeure, je remplis toutes les conditions pour lui rendre visite...

Passé le portail rouillé prisonnier des ronces, mais très certainement authentique, un chemin étroit s'enfonce à travers un fouillis de troches de noisetiers et de charmes géants encerclant des essences nobles aux fûts imposants qui fréquentèrent, sans nul doute, la monarchie. L'automne a mis sa patte dans les frondaisons et le spectacle devrait suffire à mon plaisir. Toutefois je ne peux m'empêcher de reconstituer mentalement ce que fut l'ordonnancement d'origine, la grande allée que je longe vraisemblablement, l'inévitable petit temple d'amour, les statues de pierre se mirant dans le grand bassin et le faste qui allait avec.

Ma promenade touristique prend fin rapidement et je progresse à présent tel un commando s'infiltrant dans un milieu hostile. Le parc à la Le Nôtre, aujourd'hui jungle inextricable, prête à confusion...

Et l'imposante bâtisse XVIIIe me surprend, majestueuse, au centre d'une large esplanade d'herbe rase, inattendue (je sus plus tard que le berger avait obtenu droit de pacage sur ce pré, ceci expliquant cela). La bâtisse en pleine santé n'a, *a priori*, aucune raison de s'écrouler prochainement. Mais si la façade décrépie par endroits et tachée de nævus gris ne souffre d'aucune lézarde alarmante, en revanche, la couverture d'ardoises inquiète et chacun n'ignorant pas que les châteaux périssent par le toit, Fernand pourrait bien avoir raison d'ici peu.

À peine ai-je gravi les premières marches de la terrasse que l'épouvantail attendu surgit par la grande porte centrale et s'écrie : « Qui êtes-vous ? » d'une voix revêche qui ne trahit nullement son grand âge supposé. Contrairement à ce que son ton agressif pourrait laisser craindre, elle ne brandit pas d'arme, tout au plus une loque rougeâtre, qu'elle met sur ses épaules, et qui n'est que sa pèlerine.

« Je suis l'instituteur et souhaiterais faire votre connaissance… si vous le permettez. »

Tout en lui répondant, je m'approche. Sur sa robe à fleurs sans couleur ni bouton, qui descend jusqu'aux galoches éculées, s'accrochent des restes de jaune d'œuf, de purée et de salade pour ce que j'identifie en hâte. Quelques cheveux blancs, que l'on compterait avec un peu de patience, pendent raides sur un visage chiffonné où une bouche pincée et tombante signe mépris et dureté rebutante. Véritablement un épouvantail ! L'odeur est forte autant qu'indéfinissable. Je m'écarte. Elle m'observe et me détaille d'un œil sévère et fixe. L'autre est à moitié fermé.

« Entrez, jeune homme », se décide-t-elle enfin à répondre.

Elle fait demi-tour et rentre, jambes raides et écartées comme on déplace une échelle double. Je la suis à distance.

« Si je ne vais pas vite, c'est à cause de ma descente d'organes ! » lâche-t-elle.

Je n'ai pas le temps de m'offusquer de cette entrée en matière aussi peu ragoûtante que malséante quand, pénétrant dans le grand hall d'où s'élance un escalier monumental, une émanation pestilentielle me saisit. Je réprime une nausée, la première. La comtesse pousse une porte jadis vitrée qui ne ferme plus et poursuit :

« Ah ! cette descente d'organes me gêne chaque jour un peu plus. Je me demande jusqu'où elle va aller. Il y a vingt ans, elle sortait à peine mais aujourd'hui elle me colle aux cuisses. Je ne suis bien que couchée... »

Deuxième nausée. Car je la vois, cette débâcle utérine ballottante et poisseuse... une vision horrible qui persiste et s'accroche. Mon estomac remonte à la gorge... Le contenu de l'odieux personnage ne vaut pas mieux que le contenant. Une comtesse, cette horreur ?

À peine avons-nous mis un pied dans la pièce, que des cris aigus et terrorisants me clouent. Une multitude de chats effrayés bondissent vers les hautes fenêtres aux vitres cassées, sautent et s'agrippent aux rideaux pour retomber tragiquement au sol, traînant dans leurs griffes de larges lambeaux de dentelles. De somptueuses dentelles d'époque. Après un temps d'hésitation, tout aussi effrayé que la meute de greffiers, je cours me mettre sous la protection de la vieille qui, en claudiquant, a pris de l'avance. Les félins hirsutes, eczémateux et squelettiques trouvent enfin une échappatoire et le calme revient, mais pas ma sérénité…

Depuis des lustres, seuls les courants d'air doivent épousseter les meubles couverts d'objets, de détritus en pourriture avancée et de bibelots de valeur entre lesquels on devine des marbres roses ou de belles arabesques de marqueterie et de nacre. Commode galbée et bronze ciselé, secrétaire, table à pattes de lion, fauteuils damassés, bibliothèque, trumeau, rien que des pièces Grand Siècle, Louis XV et Empire à faire bisquer le plus achalandé des antiquaires, pêle-mêle avec des caisses, des cartons éventrés, des fripes et des excréments jonchent cet imposant salon. Un linceul grisâtre de crasse et les affres du temps ne réussissent pas à dissimuler ces œuvres d'art que reconnaît mon intuition plus que mes compétences trop rudimentaires en ce domaine. À ce stade de la visite, je ne saurais dire si c'est l'ambiance fantasmagorique du lieu ou la débauche de trésors enfouis qui me stupéfient, toujours est-il que j'en oublie l'agression du remugle, pourtant insoutenable il y a peu. Ébahi, toutes fonctions sidérées, je fais une pause respiratoire.

Entre les mouches et les araignées, la comtesse avait choisi. Des entrelacs de toiles gigantesques chargées de poussière tapissent murs et plafonds d'où pendent, par endroits jusqu'au sol, de longs et épais fils noirs qui se balancent au gré des turbulences. Hallucinant !

Le plafond est faux. Auréolé d'humidité, il s'effondre en larges plaques laissant apparaître des caissons ouvragés qu'un goujat d'ancêtre, cédant à un caprice imbécile, dissimula sous un quelconque staff mouluré.

Mon hôtesse, qui semble vouloir en finir avec son rôle de guide, d'un geste énergique, m'invite à poursuivre. Pas crâne, mal à l'aise dans cette atmosphère sordide et oppressante, je me tiens sur mes gardes et mets tous mes sens aux aguets, odorat compris que je ne peux soustraire. Lourd handicap ! La puanteur de la pièce à la sienne ajoutée, insupportables à nouveau, me tirent à hue vers la sortie et la curiosité me tire à dia vers la comtesse. Va pour dia, décidé-je par instinct de survie quand elle disparaît dans une pièce contiguë. Le retour sur mes pas eût été tout compte fait suicidaire. Les chats… des dizaines de chats effrayants, devenus fauves affamés hostiles et incontrôlables, sont quelque part derrière moi, tapis, à l'affût.

J'achève mon gymkhana à travers le bric-à-brac et la rejoins dans ce qui doit être le petit salon, plus riche, plus sale, plus encombré encore. Et la visite continue.

Le spectacle, où le merveilleux et le cauchemardesque ne font toujours qu'un, atteint un sommet avec, trônant seul au cœur d'une pièce qui pour cette raison paraît propre, un lit démesuré à baldaquin en bois noir sculpté, ciselé, tarabiscoté. Un lit improbable. Rocaille, rococo, baroque, autant de qualificatifs qui, réunis, suffisent à peine pour évoquer cette sublime laideur, œuvre démentielle d'un fou furieux du ciseau, du bouvet, de la gouge et du bédane. Un lit pour abriter les ébats épiques de créatures imaginaires et fantastiques. Serait-ce même un lit ?

« C'est mon lit », annonce la comtesse.

Médusé par le gigantisme de ce délire d'ébéniste, je n'ai pas remarqué la « bauge » qui en occupe le centre. Ce lit est donc bien le sien, autour duquel ses chats faméliques et leur vermine doivent faire ruelle. Peut-être même le partager ! Je chasse vite cette vision vomitive et détourne instinctivement mon regard non sans avoir observé, dans un chiffonnement pisseux, des draps à jours délicats et richement brodés.

La vieille sale – que je ne crois plus comtesse –, jambes écartelées, traîne son prolapsus jusqu'à une porte-fenêtre mi-vitrée, mi-cartonnée et s'immobilise. À bout.

« Sortez par là… par où vous auriez dû arriver… Au revoir. »

Je ne demande pas mon reste. Le salut est à deux pas. Dernier effort, dernière épreuve, je frôle, en apnée, la repoussante harengère campée près de la porte. Libre !… Du ciel, des arbres, des oiseaux, de l'air… surtout de l'air… De son propre chef, ma poitrine oppressée s'emplit goulûment comme celle du noyé qu'on ranime. Ai-je dit merci ? L'ai-je saluée ?... Je me retrouve sur une nouvelle terrasse dominant une autre esplanade, celle-ci pavée, où trois aguichantes Vénus callipyges dénudées me sautent aux yeux. Je ressuscite...

Une fraîche brise automnale, légère et purificatrice balaye les premières feuilles mortes qui, en courtes envolées jaunes et rouges, traversent l'esplanade et s'entassent au pied des statues et des balustres de la terrasse.

Le changement brutal de décor, le romantisme, la pureté et le calme de ce lieu inattendu et magique m'abasourdissent. À regret, sentant dardé sur moi le regard acéré du cerbère, je m'éloigne et, au passage, les trois beautés de pierre qui semblent veiller sur le luxueux capharnaüm me toisent de leurs yeux morts. Le soleil, qui se dévoile par intermittence entre de petits nuages blancs, pose délicatement une main caressante sur leurs courbes impudiques et généreuses, s'y attarde un moment puis passe à autre chose. L'espace d'une seconde, dans la mouvance de la lumière, il me semble bien les avoir vues bouger... Sur le coup, j'en aurais mis ma main à couper. Bah ! au sortir des Enfers, un mirage paradisiaque doit sûrement être monnaie courante !

Après cette brève émotion, la dure réalité de la vie me rattrape. Je me retourne pour admirer une dernière fois ces trois créatures de rêve. En fond de perspective, la comtesse toujours en place coudoie l'une d'elles : la jeunesse triomphante et là-bas la vieillesse en décrépitude, le prologue et l'épilogue de l'existence dans un raccourci impitoyable et terrifiant. Et Ronsard me chuchote : « Cueillez dès aujourd'hui les roses de la vie. » Quel pouvoir que celui de la poésie qui surgit spontanément du fond des souvenirs avec tant d'opportunité !

L'image symbolique impacta ma mémoire et je ne me privai pas de mettre en pratique le conseil du poète… plus tard, car à Bricourt, de Vénus point.

Devant moi, l'allée large et nette que j'étais en droit d'attendre existe bel et bien. Bordée de cèdres, d'ormes, de hêtres, d'épicéas, de bancs sculptés et moussus, elle conduit à une haute porte cochère qu'encadrent deux maisonnettes en abside ouvertes à tous les vents. Et puisqu'il s'agit de l'entrée principale, je comprends à cet instant seulement que j'ai pris la visite à l'envers et la comtesse à rebrousse-poil.

Avant de passer le porche, d'un dernier coup d'œil j'admire la façade d'une élégance architecturale raffinée, à peine altérée par son grand âge et qui ne laisse aucunement soupçonner, à qui la découvre, l'incommensurable chaos de richesses et d'immondices qu'elle renferme.

Ainsi, le château méprise le village au point de lui tourner le dos et quand bien même la raison en serait une meilleure orientation, ça ne se fait pas !

Voilà pourquoi, pensé-je, persiste entre ces frères ennemis une ancestrale animosité.

La rancune est tenace, qui a de bonnes raisons.

Sur le long chemin qui regagne Bricourt en contournant le parc, cette matinée dantesque ne me lâche pas d'une semelle ; même au repas, elle continuera de nourrir mes propos, jusqu'à ce que M. Pourcier, victime d'un haut-le-cœur, demande grâce.

« Sûr, mes coches et mes soues sont plus propres… Une comtesse, ça ? Une *treue* oui ! » commentera Fernand qui trouvera dans mon récit de quoi renforcer sa haine envers ce « foutu château » et sa noble occupante.

Lundi, Didier, porte-parole de M. le curé, m'annonce que celui-ci souhaiterait faire ma connaissance et passera à l'école le soir même. J'attends donc un bon vieux curé de campagne, chauve et bedonnant, rubicond et jovial, tapant à l'occasion le carton devant une chopine de blanc en compagnie de paroissiens désœuvrés. J'attends un produit du terroir.

Que vois-je arriver ? Un prêtre d'allure jeune, quinquagénaire toutefois, moulé dans une longue robe à petits boutons, genre mondain, à l'élégance physique et verbale pour le moins discordante, voire déplacée dans cet environnement.

Déplacé est précisément son statut. Professeur dans un établissement catholique à Madrid, il eut maille à partir avec sa hiérarchie, laquelle ne composait pas avec les contestataires, fussent-ils dans la vérité. Le père Baron ne supportait pas l'obscurantisme de ses supérieurs et l'archaïsme des institutions. Son Église sclérosée restait en marge d'un monde en plein chambardement alors que son rôle aurait dû consister à s'en rapprocher pour le comprendre et l'aider. Telle était sa conviction. Il se rebella, et maintes fois. D'abord avec diplomatie, puis, ne trouvant aucune écoute, de plus en plus âprement et sans mesure dans ses propos.

La sanction tomba vite et fut sans appel. Le père Baron se retrouva un froid matin d'hiver en exil à Bricourt, sorte de jachère chrétienne où seule l'ivraie proliférait.

Ce coup de bâton ne l'abattit nullement. Bien au contraire, me confie-t-il, car il lui permit de renouer avec sa vocation originelle, celle qui l'avait guidé vers les ordres : apporter l'Évangile aux plus humbles. En quelque sorte, la punition se muait en promotion spirituelle par un retour aux sources. Le bâton était devenu baguette magique.

Ainsi, depuis quelques années, tout en pataugeant dans le bourbier bricourtois, sans se départir de sa superbe, il embellit sa foi et redécouvrit ses ambitions pastorales. L'homme d'Église devint l'homme de Dieu, celui que l'athée respecte et parfois admire à cause du mystère de la foi, cette foi qui transpire et l'enveloppe d'un halo invisible mais indubitablement perceptible.

Une sacrée bizarrerie, la foi !

Mon histoire, qu'il me réclame, se résume en peu de phrases. Quant à ma vocation, puisque jusqu'à maintenant l'enseignement en est une, il devra attendre pour que je lui en parle savamment car elle tarde à se manifester. Elle naîtra peut-être avec le temps, le travail et la persévérance. L'athée ne doit compter que sur lui-même. Rien ne lui tombe du ciel.

« Qu'avez-vous réussi à changer depuis votre arrivée ? lui demandé-je.

– La porte de la sacristie et deux bancs vermoulus, ironise-t-il ; et il poursuit, un peu triste : Si plusieurs familles, sans les hommes, viennent à la messe, c'est plus pour le plaisir de s'endimancher que pour prier. »

J'avais observé le phénomène – assez coutumier dans nos campagnes – car toutes ces dames pomponnées et chapeautées passent chaque dimanche matin devant ma porte.

Outre son sacerdoce, il cultive d'autres passions : la théologie et l'archéologie. Le ciel et la terre, le futur et le passé… et nous au milieu, sa préoccupation première, se plaît-il à préciser.

Conteur d'une aisance peu ordinaire, il dérive sur ses flots de savoir et ma piètre culture, seulement généraliste, me laisse à la traîne. Pourtant, captivé, je l'écoute. Il m'évade, m'expatrie, me dépayse, m'entraîne dans son monde, loin de moi, loin de *Chez Lucie* et sa médiocrité que la hauteur de son envolée fait plus criarde encore. Mais à travers son discours purement intellectuel je ne vois pas la moindre place faite à ses ouailles, à ses relations avec elles, à ses engagements d'origine. Qu'a-t-il fait de son ministère ? L'enseignant, le clerc, aurait-il pris le dessus et supplanté le pasteur ? À sa décharge, ce n'est pas un curé « de salon » qu'il fallait pour dompter et éclairer ces paroissiens hermétiques, mais un missionnaire, un battant, un chevronné ayant fait ses classes chez les Tutsi ou les Baluba. Seulement, Bricourt ne représente pour l'Église qu'un lieu de pénitence, une île déserte expiatoire.

Je laisse passer le vent de l'érudition et de la spiritualité et profite d'une accalmie pour le ramener sur terre.

« J'ai entendu dire que pendant les mois où vous vous occupiez des enfants, ce rôle vous avait passionné. Ne vous manquerait-il pas aujourd'hui ?

– Ce fut une nouvelle expérience à laquelle je pris goût effectivement et votre arrivée, je l'avoue, m'a privé de ces bons moments. Mais c'est bien ainsi, car il m'arrivait de temps à autre de déraper en mélangeant Histoire et histoire sainte. Sans le vouloir vraiment, je profitais de la situation… Vous n'en doutez pas, j'espère ? On interprète forcément le monde en fonction de sa croyance. »

Au passage, je salue son intégrité.

Finalement, je crois comprendre, entre les mots, que le père Baron n'avait pu s'intégrer et, dans l'incapacité de passer les obstacles, il les contourna et se tint en marge de ce village inaccessible. Un fossé trop profond les séparait.

Tout récemment, au cours d'une promenade-pèlerinage à Bricourt, je retrouvai le père Baron qui venait de fêter ses cinquante ans de paroisse, son jubilé, et ses quatre-vingt-dix ans d'âge. Le hasard fit bien les choses. Lorsque j'entrai dans l'église, il était là. Le temps avait fait son œuvre. Rapetissé, voûté, décharné, je ne le reconnus qu'à sa mise identique à l'originale. Toujours coiffé de son antique chapeau à large bord retenu maintenant par ses seules oreilles, flottant dans sa longue soutane noire lustrée fermée par mille boutons, moins quelques-uns que plus personne ne remplacera, il s'occupait à ranger des missels poussiéreux sur un rayon près de l'entrée.

Au fond de Sainte-Madeleine, dans le silence et la pénombre faits exprès pour le recueillement, un groupe de touristes déambulait à pas feutrés devant les très beaux et authentiques vitraux signalés dans les guides.

« Bonjour, mon père », murmurai-je.

Comme il me tournait le dos et qu'il ne bougea pas, je conclus qu'il entendait mal. Haussant la voix, je le saluai une seconde fois, sans succès. Alors je hurlai en le touchant de la main :

« Bonjour, mon père… père… père… » répondit l'écho qui emplit toute la nef du monument.

Les touristes en bloc se retournèrent. Il pivota et ses yeux plissés m'observèrent un instant puis il dodelina la tête négativement. En même temps qu'il mit sa main à l'oreille en pavillon, toujours en hurlant, je lui rafraîchis la mémoire, lui rappelant le jeune instituteur qui l'avait bouté hors de l'école communale, presque quarante ans en arrière. Près du chœur, les amateurs de vieilles pierres, interloqués, stoppèrent leur religieuse visite et se mirent à l'écoute. Notre conversation que les circonstances m'incitaient à écourter ou à différer se poursuivit malgré tout car le bougre, déjà bavard bien avant que l'ouïe ne l'abandonne, ne laissait pas d'espace aux réponses : tant il devait être heureux d'avoir enfin trouvé un interlocuteur, ses fidèles rechignant sans doute à lui faire la causette.

Et nous en arrivâmes à la comtesse. Le vieux curé se lâcha.

« Une belle salope… lope… lope… » renvoyèrent les murs.

Je n'en crus pas mes oreilles. Comment aurais-je pu ? Il paraissait pourtant disposer de toutes ses facultés et d'une mémoire intacte. Rien, dans ses premiers propos, ne trahissait le moindre signe de déficience mentale. Ou la comtesse le mettait dans tous ses états, ou il avait enfin réussi à s'intégrer, mais en oubliant dans les étables et les porcheries sa distinction naturelle ! Sans s'amender, il poursuivit :

« Avant de mourir, elle m'a avoué avoir tué son mari après la guerre… guerre… guerre… guerre… pour récupérer le château… teau… teau… Ah ! quelle salope… lope… lope… »

La situation déjà grotesque prenait une dimension hystérique. J'essayai de l'attirer vers l'extérieur pour le soustraire à l'auditoire médusé. En vain. Remonté, enflammant davantage le verbe et montant d'un ton, il brossa un tableau ignoble de cette « garce infâme ». Les murs de Sainte-Madeleine en frémissent encore de honte.

Le manque d'hygiène, le dénuement eurent raison de la vieille chipie insociable qui, à la fin de sa vie, ressembla de plus en plus à ses chats. Rongée par la même vermine, dénutrie et impotente, elle brada le château à un quidam qui, après lui avoir promis une vieillesse paisible et sans souci, l'abandonna sur-le-champ au premier hospice venu pour l'y laisser souffrir et mourir seule, grabataire, pourrie de la tête aux pieds par des escarres géantes.

Une justice était passée par là, tardivement.

Lorsque nous nous séparâmes sur le parvis, je le trouvai radieux, soudainement alerte et presque droit, comme s'il venait de poser un lourd fardeau. Le vieil homme fatigué s'était débarrassé de cet horrible et pesant secret.

C'est le berger lui-même qui vient m'annoncer la bonne nouvelle :

« Mon champ sur le chemin des Essarts, vous le voyez ?… À votre tête je devine que vous ne le voyez pas… Bon, les gosses vous le montreront. Pas bien plat, mais s'il vous convient, je vous le laisse volontiers. Il est bien trop petit pour y parquer mon troupeau. J'ai maintenant plus de deux cents brebis... Allez, vous me confirmerez quand vous l'aurez vu. Au revoir, monsieur... C'est excellent, le sport, pour les enfants.

– Merci... Je suis sûr qu'il conviendra. Merci encore... »

Sans attendre ma réponse, le « *Stropia* » – l'estropié, c'est son surnom – tourne les talons et s'en va traînant sa jambe cassée et tordue de longue date, rafistolée très approximativement par un rebouteux sans compas dans l'œil. Stupéfait, je regarde s'éloigner mon bienfaiteur inattendu.

J'avais précédemment demandé à M. le maire si la commune accepterait de mettre à ma disposition un terrain de quelques ares où je pourrais initier les enfants à la pratique sportive.

« Elle est inscrite au programme, lui avais-je dit, mais si ce n'eût pas été le cas, je l'y aurais ajoutée. J'y attache une grande importance. »

S'il parut dubitatif, il ne fit aucun commentaire, s'en tenant à un soupir d'impuissance. Sa pauvre commune, à part un bois réservé aux affouages, ne possède aucune terre. Il ne put donc rien me proposer mais, honorant ses engagements, M. Richard alla tirer la sonnette chez ses administrés pour, en fin de consultation, faire chou blanc.

« Un terrain pour faire faire les zouaves aux gosses au lieu d'apprendre... Ah ça alors, pas question ! » s'entendit-il répondre à chaque coup de sonnette.

Comment leur en vouloir ? Bricourt n'a même pas un seul représentant dans l'équipe de foot du chef-lieu de canton, laquelle, dimanche dernier pour faire le compte au coup d'envoi, dut mettre dans les buts son pharmacien de président, le père Masson, cinquante-deux ans, pâle et cachectique mais toujours licencié, au cas où.

Savent-ils seulement que Mimoun ou Ladoumègue existent ?

Nos pauvres laboureurs « sentant leur mort prochaine », plus soucieux de survivre encore un peu que de s'informer sur le monde, laissent passer au-dessus de leur tête même les événements exceptionnels qui marquent cette année 1959. Alors le sport à l'école !...

Pourtant, à leur nez et à leur barbe, les Russes rattrapent Jules Verne et visitent la Lune sous toutes ses coutures, alors que notre Bébert sur sa Mobylette n'a toujours pas dépassé les frontières du département. Quant aux Américains, les sauveurs de l'humanité, ils auraient trouvé le moyen d'enrayer la surpopulation de la planète avec une espèce de pilule qu'ils testent sur les Indiens d'Amérique du Sud... Des fois qu'elle soit nocive ! Chez nous, le général de Gaulle, qui a de la suite dans ses drôles d'idées, propose aux peuples asservis de choisir la liberté. Ce qu'ils font sans se poser de question, sans appréhension, sans précaution. L'O.N.U., qui pense que le Général perd les pédales, lui met des bâtons dans les roues lorsqu'il envisage l'autodétermination pour l'Algérie. Côté science, une fiction devient subitement réalité : le rayon de la mort, baptisé laser, existe enfin. Et le Marché commun, dont la noble raison d'être réside dans la réconciliation des peuples et donc la fin à tout jamais des grands conflits armés – les autres restent à inventer –, fait ses premiers pas. Le cinéma, témoin de son temps, pour cette raison n'est pas en reste. Une bande de jeunes réalisateurs farfelus, Chabrol, Bergman, Truffaut, Resnais, Hossein, Vadim, bousculent les règles et les consciences et accaparent les écrans. Avec les centrales nucléaires, sortes de bombes atomiques qui explosent tout doucement entre quatre murs de béton, on nous promet une électricité propre et presque gratuite pour bientôt et les fumées noires de charbon sur nos villes ne seront plus qu'un souvenir. Les mineurs aussi.

« Les murs… les murs, ce ne sont jamais que des murs ! » maugrée le rabat-joie M. Pourcier, que toute innovation contrarie, surtout celle-ci, porteuse de catastrophes.

Et cette fois, avec ses murs, il fit des émules. Chez Lucie, personne ne leur accorda la moindre confiance.

Mais tout ceci n'est que balivernes et élucubrations. Revenons sur terre où un événement, bien palpable celui-là, va bouleverser le train-train quotidien et torturer bien des cervelles : le franc nouveau est arrivé. Une petite révolution qui, dans un premier temps, réjouit notre Fernand :

« Avec c'te combine, c'est comme si j'buvais presque à l'œil ! »

Pensez donc, la chopine à cent francs hier d'un seul coup passe à un franc... La bonne surprise dura peu. Le lendemain, il nous arriva décontenancé. Le fromager venait de lui payer son lait...

Isolé dans la bulle hermétique de la caserne, je n'avais pas vraiment pris conscience de la portée de toutes ces avancées technologiques, politiques, artistiques et sociales qui se succèdent à un rythme soutenu, les signes précurseurs m'ayant, pour la plupart, échappé. Elles semblent surgir d'un chapeau de magicien pour faire de cette année 1959 un tournant brutal annonçant une évidente et rapide évolution de notre société. Si le désintéressement du paysan pour ce branle-bas s'explique, l'école, même primaire, n'a pas d'excuse pour l'ignorer. Il incombe donc au maître, du moins je le conçois ainsi, de prendre ses responsabilités et pour ma part, modestement et en chipant par-ci, par-là un peu de temps, j'essaie, dans des apartés, d'y associer les enfants qui en redemandent.

En revanche, la pratique sportive – souvent négligée en milieu rural –, pour les valeurs sociales, morales et éducatives qu'elle véhicule et dont j'ai testé l'efficacité, tiendra dans l'emploi du temps, à partir de ce jour, la place qu'elle mérite. Et c'est au berger que je le dois, le moins concerné d'entre tous. Eh bien, pas du tout ! Le berger trompe son monde. Ce vieux garçon à l'air plus absent que renfrogné, démesurément barbu et chevelu, trimbale sa claudicante caricature de pâtre grec derrière laquelle se cache en réalité un autodidacte cultivé, à l'écoute de la vie et d'une grande sensibilité. Au cours d'une brève conversation, très réservé et avare de mots qu'il cherche dans de fréquentes pauses, il me déclina son curriculum vitae. À douze ans, il dut quitter l'école qu'il affectionnait et celle-ci lui manquera longtemps jusqu'à ce qu'il redécouvre la lecture à laquelle, depuis, il consacre tout son temps. Les livres, des centaines de livres, lui apportèrent sa revanche et un savoir encyclopédique. Le Stropia : une étonnante rencontre qui, à elle seule, remonte la mauvaise note que j'avais attribuée à Bricourt.

Seul dans son écrin de silence, il parle avec le vent, et sa réflexion que nul ne contrarie prend tant de hauteur qu'elle confine à l'ésotérisme quand, de retour sur terre, elle n'a que l'insignifiance des mots pour s'exprimer. Le langage des hommes ne lui suffit pas. Incompris, notre berger passe pour un illuminé. Alors, confirmé dans sa solitude, il sait que désormais il ne parlera plus qu'au vent.

Le pré en question, de belle herbe mais pentu et bosselé, m'amène à réviser à la baisse mes ambitions sportives. Nous n'y pratiquerons jamais que le saut en hauteur et en longueur, le grimper de corde, le ballon prisonnier et le « lancer franc » dans un vieux seau sans fond fixé à une branche de pommier sauvage.

Et sur ce champ de taupinières, j'ouvris mon école du corps – très primaire – dès la semaine suivante. Si elle ne permit pas de découvrir un successeur à Pujason, quelques talents se révélèrent qui, hélas, ne purent s'exprimer davantage faute de structure à proximité. Mais avec plus ou moins de bonheur, tous en profitèrent, y compris Mireille la rebelle qui, par orgueil, s'adjugea de belles performances pour faire la nique à ses petites camarades.

Quant à ceux que la classe mettait sous l'éteignoir, l'opportunité leur fut offerte de redorer leur blason dans l'épreuve physique et ils rétablirent l'équilibre.

Ne disposant que d'un atelier exigu, Marcel passe plus de temps dehors qu'à l'intérieur à dépanner et entretenir à tous les vents les misérables machines agricoles jusqu'à ce que, abandonnées, elles agonisent au bord d'un champ. Rien d'étonnant, selon Lucie, pour que chaque année à la même époque il soit pris des bronches, et de quelle manière ! Une fièvre de cheval et une toux de poitrinaire le clouent au lit depuis le début de l'après-midi. Nous l'avions bien trouvé souffreteux sans que pour autant son état nous alarmât, mais le mal s'amplifia dès que nous eûmes tourné le dos.

Le traitement habituel, simple, peu coûteux et surtout radical, fut instantanément mis en œuvre par Lucie qui nous le révèle en servant le potage, ainsi que la posologie, mais garde pour elle le diagnostic qui reste à affiner, les maux de poitrine étant plus complexes qu'on ne le croit. Soit : quatre grogs qui eussent terrassé Bébert, deux assiettées de chaudeaux de légumes, un cache-nez, un pull-over, deux couvertures, un édredon, un cataplasme de farine de moutarde et huit ventouses matin et soir… Quarante-huit heures plus tard, Marcel réapparaît, pâle mais souriant. Pourtant, affirme Lucie, on a frisé la fluxion. C'eût été catastrophique.

Conservateurs, méfiants à l'égard de la pharmacopée, économes et pleins de bon sens, les gens d'ici s'en remettent encore aux empiriques médecines de leurs parents qui les tenaient des leurs, etc., et, à les écouter, s'en portent fort bien. La résurrection spectaculaire de Marcel n'en est-elle pas l'incontestable confirmation ?

Il devait pourtant exister au chef-lieu un médecin censé veiller sur la santé de la population mais je ne le vis jamais et nul ne m'en parla.

« Qui a le temps et les moyens, pensez-vous, de se soigner longuement avec les médecines à la mode et conventionnelles ? me fit observer le maire. Ces médecines-là sont réservées aux fonctionnaires de ville qui peuvent rester à la maison quinze jours si ça leur chante. Nous, nous restons attachés aux remèdes de bonne femme et, dans les cas difficiles, on va voir le guérisseur. »

Le guérisseur, sourcier et rebouteux tant pour les gens que pour les bêtes, un coquin de cumulard qui fait toujours et pour longtemps autorité et recette.

Pour requinquer Marcel, guéri mais hâve, Lucie lui a mitonné un de ses plats préférés : du mou de veau au vin. Et les pensionnaires, gâtés que nous sommes, participent au festin puisque nous faisons cuisine commune.

Peu exigeant, Marcel ? Que si. Le mou de veau, grand classique de la gastronomie paysanne, réjouit bien des palais. Avec un vin rouge d'Algérie épais et corsé qui vous fait une de ces sauces, onctueuse, parfumée ! Il n'y a que les bourgeois nouveaux riches, à cause de leur éducation lacunaire et leurs *a priori*, pour dire du mal du mou de veau et le donner au chat.

Et Marcel retourna à ses moissonneuses.

Parce que, en ce dimanche de début décembre, le temps exécrable et glacial n'incite pas à la promenade champêtre ; Lucie, bonne fille, propose une matinée dansante informelle pour occuper cette triste fin de journée. Sans publicité, ce bal improvisé ne réunit qu'une poignée de désœuvrés autour du vieux phono dans la grande salle que Lucie ouvre cinq ou six fois l'an pour de semblables occasions, ordinairement mieux orchestrées, la fête du village et le 14 Juillet.

Les rares cavalières à disposition, et peu engageantes, me font vite regretter mon chevalet et le feu de cheminée. Cependant, par galanterie, je prends la peine de les honorer toutes en deux valses et un tango avant de réintégrer mon antre…

Comment Gisèle arriva-t-elle ce soir-là dans mon lit ? Je me pose toujours la question. Car elle ne força pas la porte, je la lui ouvris, la guidai vers la chambre où elle se dévêtit sans d'ailleurs que je l'en priasse et non plus l'en dissuadasse. Certes, je me souviens l'avoir enlacée le temps d'une moitié et n'avoir pas poussé au-delà la confrontation repoussé par les effluves âcres de suées successives et macérées. Mais, ceinturé par ses bras robustes qui me plaquaient contre sa débordante poitrine, aurais-je déclenché, à travers cette étreinte qu'elle dut croire mienne, quelque sensuelle émotion ? Ou, autre hypothèse, mon biorythme sexuel, à son apogée, pourquoi pas, réclamait-il, exigeait-il cette épreuve ? Toujours est-il que ce soir, Gisèle investit mon grabat en friche – personne n'étant appelé à le partager, je le néglige – et s'alanguit dans une pause obscène et caricaturale de *Maja desnuda* fellinienne. Le désordre, la poussière et la froidure de la pièce n'ont pas rebuté ma conquête qui, tout compte fait, ne dénote pas dans cette niche de souillon. Conquête ! Si le fait se confirme, la bévue est de taille. Qu'est-ce que cette créature grotesque qui s'étire sur mes draps chiffonnés a d'une conquête ? Boudinée dans une immense culotte à grosses mailles de coton qui renifle la boëte et un soutien-gorge en satinette passée, largement auréolé sous les aisselles où perle le reliquat de sueurs anciennes ; la conquête, avachie, attend que je me décide. Son œil bleu humide dont la pupille se dilate, dardé fixement, étincelle maintenant d'un éclat lubrique inquiétant. La bête est en rut. Je frémis. Comme un coup de polochon met fin en sursaut au sommeil profond d'une jeune recrue, ce spectacle navrant me fait recouvrer la raison. Hébété, bras ballants, jambes molles, ceinture débouclée, je me liquéfie dans ma stupeur. Impuissant, forcément.

Plus qu'un nouveau faux pas, un vrai dérapage.

J'en suis là de ma déconfiture morale, quand on frappe à la porte. « Sauvé par le gong », espéré-je aussitôt, mais simultanément :

« Ouvrez, et vite, je suis armé ! » hurle une voix aussi menaçante que le fusil annoncé.

« Ciel, mon mari ! » crois-je entendre en provenance du lit.

Et, confirmation, je vois Gisèle, qui a viré du rose du désir au vert, bondir, robe, manteau, bas et chaussures sous le bras et enjamber lestement la fenêtre côté jardin où un thermomètre afficherait un bon moins dix. Un jardin sans issue... Tandis que, côté cour :

« Ouvrez... nom de Dieu de nom de Dieu !

– J'arrive... J'arrive. Qui est-ce ? »

Je réponds machinalement, sans réaliser pleinement l'imminence d'un drame. Puis, la peur m'étreignant enfin, une petite voix intérieure rassurante – mon ange gardien, paraît-il – me chuchote que face au danger l'homme trouve toujours, *in extremis*, l'ultime parade.

« C'est moi... Bertaud. Ma femme est chez vous... Je le sais... Ça va faire mal. »

La voix forte et déterminée me glace malgré la confiance que j'ai placée en l'homme. « Faire face », la devise guerrière m'éperonne. Je ferme en douceur la fenêtre, enfouis ma chemise dans le pantalon, glisse au coin de la bouche une cigarette tremblante, respire profondément et ouvre la porte en me jetant de côté, un réflexe qui a fait ses preuves dans les westerns. Précédé d'un fusil de chasse, Bertaud, dont je fais à cet instant et en un éclair la connaissance, s'engouffre dans le corridor à la manière d'un fantassin nettoyant un quartier. Sans m'accorder la moindre attention, il se précipite dans la chambre-séjour-cuisine-salle de bains. Au passage, je capte dans ses yeux exorbités la lueur sauvage et meurtrière du chasseur que le sanglier charge. Il se retourne, fusil braqué, et sans décrisper les mâchoires, dans un rictus :

« Où qu'elle est, nom de Dieu ? Je sais qu'elle est ici... On me l'a dit. »

Ce qu'il ne fallait pas dire. Et je contre-attaque :

« Monsieur Bertaud, je crois que vous vous êtes fait abuser. J'en connais qui doivent rire au café en ce moment... Et vous avez marché ? Allons donc, vous me voyez avec votre femme ? Une femme de plus de dix ans mon aînée... avec deux enfants... Et vous les avez crus ? Maintenant, si vous cassiez votre fusil… Ce serait plus prudent… Voilà, c'est mieux ainsi. »

Et la furieuse colère meurtrière devient honte. Dégonflé en une seconde comme une baudruche qu'on crève, il passe aux confidences. Effondré.

« J'en ai des raisons de les croire. Ah ! si vous saviez c'que c'était quand je l'ai connue, la Gisèle. Sûrement pas une oie blanche. Y avait qu'à demander pour être servi. Alors, comme on dit, "qui a bu boira".

– Ce ne serait pas un peu votre cas, monsieur Bertaud ? J'ai l'impression que vous êtes un peu chaud… Je me trompe ? Ce qui a failli vous amener à faire une belle connerie. Allez, videz vos cartouches et venez avec moi chez Lucie, on va leur dire deux mots à ces farceurs.

– Non, pas au café, sinon je les tire tous comme des grives, s'exclame-t-il en refermant le fusil pour appuyer sa menace. On va plutôt à la maison… Si, à la maison, la femme est peut-être rentrée. Mais pas un mot, hein ! Promis… Et puis vous ferez connaissance avec les petits… D'ailleurs vous en aurez un l'année prochaine. »

Bertaud, la tête basse du gosse pris la main dans les confitures, descend le perron.

« Allez devant, je finis de m'habiller », lui lancé-je en me précipitant pour débloquer l'espagnolette de la fenêtre du jardin où il me semble entendre dans le noir un claquement de dents et je le rejoins.

Dans l'ombre de la ruelle voisine, j'imagine, tapis, les délateurs surpris et surtout déçus par ce dénouement imprévu et frustrant.

Nous voilà assis face à face dans sa cuisine surchauffée, un gamin chacun sur les genoux, copains comme deux anciens pioupious du 21e R.I. Ridicule tout à l'heure, pathétique maintenant, Bertaud, pleurnichant, s'épanche et dévide le douloureux écheveau de sa misère conjugale. Le passé tumultueux de Gisèle, pour qui le mariage n'avait fait que remettre le compteur à zéro, majorait la jalousie naturelle de cet homme rustre mais étonnamment amoureux. Il s'en fallait alors d'un simple petit verre de trop pour que le vase des soupçons déborde et transforme le fragile Bertaud en psychopathe dangereux. C'est pourquoi la virginité prénuptiale aura toujours ses défenseurs.

Nous attaquons notre second pastis fait maison, dont il a inversé les proportions et que je n'ai pas osé lui refuser, quand Gisèle se présente, frigorifiée. Elle ouvre grands ses yeux qu'elle ne croit pas et se fige. D'une voix fausse, je fais le premier pas :

« Bonsoir, Gisèle. Fait frisquet, ce soir, n'est-ce pas ! »

Son mari, que les deux pastis supplémentaires et destructeurs ont achevé, reste muet, penaud et prostré. Gisèle s'assoit, tout aussi silencieuse, tandis que la pendule comtoise sonne 20 heures. Sautant sur l'occasion que me donne ce deuxième coup de gong, celui-ci salvateur, je me lève :

« Ce n'est pas que je m'ennuie chez vous, monsieur Bertaud, mais Lucie va me mettre à l'amende si je suis trop en retard... Un seul service chez Lucie... Bonsoir à tous les deux et merci.

– Restez souper, balbutie Bertaud.

– Il a raison, restez donc, renchérit Gisèle revigorée et qui, rouée, saisit le prétexte pour reposer des jalons. Il y a ce qu'y faut : soupe aux choux et des restes de potée... à la bonne franquette...

– C'est gentil de votre part, mais une autre fois. »

Dehors, délivré de cette atmosphère malsaine et stimulé par l'agressivité de l'air, je me rue vers le café de l'autre côté de la rivière dont les berges se garnissent d'une frange de glace, signe précurseur d'un long et rude hiver.

Le comité d'accueil tourne la tête en bloc lorsque je pousse la porte.

« Vous me prenez pour un revenant, m'écrié-je.

– Non, pas du tout, on vous attendait, s'exclame Marcel, on n'a pas entendu de coup de feu, alors !...

– Ainsi donc, vous étiez au courant et personne ne m'a prévenu, m'insurgé-je.

– On est restés paralysés et, si on avait bougé, ça aurait peut-être fait plusieurs morts... soûl comme il était. C'est pas vrai c'que j'dis ? » se défend Bébert prenant à témoin la communauté.

Sur sa lancée, il poursuit en contournant le sujet qui fâche :

« J'vous dis qu'si la Gisèle ne s'calme pas, y aura forcément un jour du grabuge. Ça a bien failli déjà l'année dernière. »

Pourcier boit du petit-lait et triture sa moustache. La bouche de Fernand s'étire en croissant comme un trait de crayon d'enfant qui fait sourire la lune. Marcel et Lucie ne savent trop quoi penser. Quant à Devieux, il y va de son humour douteux :

« Bertaud est capable d'avoir mis des chevrotines, vous avez eu chaud ! Avec du dix, c'eût été moins grave… mais avec du dix, il aurait plutôt tiré sur sa femme… le dix, c'est pour la bécasse ou la grue, non ? »

Et tous de s'esclaffer niaisement.

De retour chez moi, je constate que Gisèle n'a pas refermé la fenêtre – quel manque de prévenance ! – et le froid polaire succédant à une forte humidité s'est insinué partout et jusqu'au fond du lit. Je décide de bivouaquer mentalement au pied des Grandes Jorasses pour essayer de trouver le sommeil avec le regret qu'il ne soit pas celui du juste, et m'attends à le chercher longtemps. Des idées saugrenues, décousues, s'agitent et passent du coq à l'âne. L'une d'elles me transporte dans les djebels auxquels j'ai échappé et je me demande si, finalement, je n'y serais pas plus en sécurité.

En me réveillant tard ce jeudi, j'apprends par mes seules narines en ouvrant les volets que le bouilleur de cru est à l'ouvrage. Les effluves désagréables de son alambic, rabattus par un petit vent du nord, arrivent jusqu'à moi et pourtant le local communal qu'il occupe se situe au-delà de la rivière.

Cette année est une année à prunes. Et depuis trois mois, quetsches et mirabelles « bouillent » dans les tonneaux. Écrasées, remuées chaque jour avec un énorme bâton hérissé de clous de charpentier à son extrémité, elles attendent l'homme de l'art qui se déplace de village en village et aujourd'hui Bricourt est sur son carnet de rendez-vous.

On pourrait croire que ce maître de l'alchimie, attendu comme le Messie, règne seul après Dieu sur son imposant et magique ustensile de cuivre qui, d'une barrique de bouillie brunâtre et nauséabonde, fait une eau-de-vie délicatement parfumée. Eh bien, non ! Le prestigieux sorcier n'est plus en odeur de sainteté depuis que Jean-Jean découvrit fortuitement, voici trois hivers, qu'il détournait à son profit deux ou trois litres par client. Il invoquait, le fourbe, pour justifier la modeste quantité d'eau-de-vie qu'il avait obtenue, le faible rendement de la marchandise qu'on lui confiait : fruits pas assez mûrs, ou pourris, ou peu sucrés, etc. Le crime presque parfait. Car allez donc chercher les preuves de la tricherie une fois la distillation terminée. L'eau-de-vie, comme son nom l'indique, est sacrée et la forfaiture du grand

Étiennet fit grand bruit dans les chaumières du canton.

Cet abus de confiance gravissime lui vaut désormais d'être sous haute surveillance. Et chacun de se relayer près de l'alambic.

Une fichue corvée que de faire le pied de grue dans les vapeurs d'alcool enivrantes qui vous abrutissent un homme en moins d'une heure ! Ce qui fera dire à un Jean-Jean furieux dont c'est le tour ce matin :

« J'veux bien prendre une cuite en buvant, mais rien qu'en respirant, c'est pas juste ! »

Partagé entre admiration et rancune, impressionné par le personnage haut en couleur, Jean-Jean, qui voudrait intervenir dans l'opération, n'ose se décider, tourne autour du pot et de l'alambic, et ce n'est qu'à l'ultime minute qu'il se jette à l'eau :

« Tu pourrais pas cette fois me la monter à 55° ? »

Il a lancé cette idée sans vraie raison, juste pour contrarier ce despote qui, revendiquant ses compétences, s'arroge tous les droits et tous les pouvoirs. Lui, Jean-Jean, le client, a son mot à dire, non mais des fois !

« C'est ta gniole, d'accord, mais moi, je règle à 54… J'te laisse faire et démerde-toi… Mais si tu la brûles, viens pas pleurer… Pendant ce temps, j'vais chez Lucie. »

Et d'un geste nerveux, le technicien vexé dénoue la ceinture de son grand tablier bleu et pousse la porte…

« Attends, se reprend le petit cheminot, te fâche pas, j'disais ça pour voir c'que t'en pensais, c'est tout. »

Le gourou de la distillation, les poings sur les hanches, toise la chétive silhouette de toute son autorité et, sans un mot, reprend la direction des opérations.

Enfin sonne l'heure de vérité : la dégustation. Et le verdict s'affiche. Lorsque le bouquet élargit les ailes du nez, lorsque les papilles du palais frissonnent de bonheur, lorsque la langue s'enflamme, lorsque l'ampleur de la « mâche » fruitée emplit toute la bouche, alors la reconnaissance, celle du ventre, prend le dessus et le voleur réhabilité reçoit les félicitations méritées : un hochement de tête qui dit oui et des yeux pétillants qui s'agrandissent.

Jean-Jean charge sur sa remorque branlante les trois précieuses bonbonnes de dix litres, sa consommation de l'année. La mirabelle ne gagne rien à vieillir.

Le petit Didier a pris la suite et livré ses prunelles auxquelles son père tient autant qu'à celles de ses yeux. Il lui a donné l'ordre, avec insistance, de redoubler de vigilance en attendant sa venue.

« Surveille surtout le nettoyage de l'alambic. Surtout ça. »

Car on ne badine pas avec la prunelle chez les Dautremont.

« La quetsche, c'est bien ; la mirabelle, c'est mieux ; mais la prunelle, alors là, c'est autre chose !

Il y a la prunelle et le reste. Faut pas mélanger les torchons et les serviettes », profère le père de Didier qui gardera le grand Étiennet à l'œil toute la soirée.

Au café, le sujet, d'importance, occupera la veillée. Si Jean-Jean a passé l'éponge, Fernand garde une dent contre ce bandit de bouilleur de cru… et les autres. À la botte d'une inévitable et toute-puissante coopérative agricole, volé sur la crème par le laitier, escroqué par les maquignons qui sous-estiment ses montbéliardes, roulé par le grainetier qui mélange les semences et estampé par le brandevinier, voilà ce qui, ce soir, remonte à la surface et met Fernand dans tous ses états. Convaincu de persécution, il glisse vers la paranoïa et la mirabelle que Jean-Jean lui fait goûter le fait fondre. Un gros chagrin s'ensuit qu'impuissants et consternés nous laissons se débonder. Les larmes glissent sur les joues vultueuses puis se perdent dans la barbe dense n'y trouvant plus chemin. Pathétique, ce soir, notre Fernand !

Près de leur terre, près de leurs sous, mais loin des autres, les petits agriculteurs cultivent d'abord le « chacun pour soi ». Par nature. L'indépendance et la liberté qu'ils revendiquent toujours haut, mais de moins en moins fort, se sont érodées au fil du temps et des restructurations de notre société en voie de déshumanisation. Assoupis dans leurs habitudes et leur individualisme, ils regardent, désarmés, le monde qui change, et qui change sans eux. Les sanglots de Fernand effondré sur la table symbolisent toute la détresse de cette noble corporation en délabrement, prochainement sacrifiée sur l'autel de la productivité. Liberté et indépendance ne riment pas avec technocratie.

Jean-Michel, non seulement confirme le potentiel dépisté à la rentrée, mais montre une application de tous les instants sans que nulle ouverture enthousiasmante sur l'avenir le motive. Cette envie de savoir et son souci de bien faire en feraient incontestablement un élément d'élite en secondaire.

Mais pour l'heure, qu'espère-t-il au mieux ? Une place d'arpète chez le premier artisan venu ? Quel gâchis !

Mais il est des absurdités et des injustices telles que rien d'autre qu'une issue heureuse ne peut y mettre terme. Ma croyance en ce postulat ne se fonde pas sur un optimisme chimérique mais sur la conviction qu'à trop de signes négatifs accumulés doit s'opposer logiquement un événement positif compensateur pour rétablir l'assiette. Pourquoi la morale échapperait-elle à mon principe universel ?

J'en obtiendrai la preuve irréfutable quand Jean-Michel réussira son concours d'entrée en 4ᵉ à l'école militaire du Mans quelques mois plus tard.

L'idée me vint en rêvassant sur le passé, en me souvenant de camarades montrés du doigt parce qu'ils éprouvaient des difficultés à suivre l'enseignement général. Répudiés, ils durent se rabattre sur le technique où ils exprimèrent d'autres qualités et se fabriquèrent une belle place au soleil.

Sans présenter une réelle similitude, le problème de Jean-Michel pouvait se résoudre de façon identique. Après m'être inquiété du programme, je soumis le projet à l'intéressé en précisant qu'un tel challenge s'assortissait d'une somme considérable d'heures supplémentaires pour l'amener, sans certitude, au niveau requis. La perspective ne l'émut pas et Jean-Michel répondit du tac au tac : « Banco ! » Délivré.

Le pari, pour ses parents et d'autres, passa pour utopique mais c'était sans compter avec la force de nos deux volontés conjuguées et l'acharnement que mit mon élève, chaque jour après la classe, rivé à son pupitre et sans faiblir jusqu'en juin.

Nous tentâmes donc ce coup de dés sans aucune garantie quant à son issue, hormis ma théorie ésotérique sur les équilibres. Mais se lancerait-on dans une partie de poker si l'on en connaissait le résultat ?

Nous alourdîmes notre charge de travail sans qu'elle nous pesât jamais, car le plaisir de travailler, gage de succès, nous anima l'un et l'autre et nous ne nous effondrâmes qu'à l'échéance.

Le premier trimestre, mené au pas de charge tant à l'école qu'à l'extérieur, émaillé d'incidents aussi divers qu'inattendus, s'achève sur le calendrier et son échéance m'aurait surpris si les enfants, impatients d'exposer leur crèche, ne m'avaient asticoté dès qu'elle fut achevée.

Je fixe le vernissage au dimanche précédant les vacances.

Bien avant l'ouverture de la classe, bravant la « piquette », tous les gosses réunis, le nez rouge et les doigts gourds, battent la semelle dans l'attente du premier visiteur.

La neige tombée en abondance au début du mois, dure comme pierre le matin, gadoue l'après-midi, ne nous a pas quittés une seule journée. Chacun déblaye bien son devant de porte mais les rues, déjà difficiles par temps sec, deviennent des patinoires, principalement devant l'école où les enfants se retrouvent le soir pour exercer leurs talents de cascadeur. Lourds traîneaux faits maison ou luges rapides aux patins ferrés dévalent la pente entre l'église et la rivière à tombeau ouvert, se croisent, se télescopent dans des embardées spectaculaires. Sans bûche, sans bosse et sans égratignure, où serait le plaisir ?

Ainsi les abords dangereux de la classe risquent de dissuader plus d'une famille de faire le déplacement, les grand-mères en particulier. Et les grand-mères sont réputées généreuses ! Les enfants s'en inquiètent. Outre la recette sur laquelle ils comptent, l'affluence de visiteurs consacrera leur travail, leur créativité, les heures passées à suer, pétrir, modeler, peindre, installer. Un échec est interdit, qui viendrait détruire la tournure morale et pédagogique, laquelle ennoblit cette opération, à l'origine purement mercantile. Nous croisons ensemble les doigts, et moi plus fort qu'eux sûrement, bien que la rumeur annonce une participation suivie. Il faut dire que tous se sont investis dans la promotion commerciale de l'événement, y compris les dissidents qui, il y a quelques semaines, rechignaient à la besogne. Ils oublièrent leur faux départ quand le projet se précisa, tel Jean-Pierre, ce sans-scrupule, qui vantait ses mérites le soir auprès de papa et maman allant jusqu'à revendiquer en toute hypocrisie, pour partie, la paternité de l'idée. Mireille, frustrée et spoliée, se chargea de lui faire ravaler ses mensonges et sa forfanterie. Je sautai sur l'incident pour dénoncer la malhonnêteté intellectuelle, ô combien !, plus immorale que le vol matériel.

Mireille, impliquée corps et âme dans la réalisation de cette crèche, brigue le poste de caissière que je lui confie volontiers, sachant que derrière sa table elle ne tolérera aucun passe-droit. Le premier à faire les frais de son intransigeance, M. le curé, poussé par une curiosité légitime et matinale, passe la porte sans un regard pour la préposée aux billets.

« Hé ! Pas si vite, monsieur le curé. Faut d'abord payer l'entrée. Ici on n'est pas à l'église. »

Le père Baron, amusé, s'exécute en lui glissant quelques pièces et la plaisante :

« J'aurais été étonné de trouver quelqu'un d'autre à la caisse. Le porte-monnaie et toi ferez sûrement à l'avenir bon ménage.

– Le porte-monnaie... le porte-monnaie, c'est même pas le mien ! » rétorque l'effrontée en haussant les épaules.

Intéressée, Mireille ? Oui, mais pas mesquine. Aujourd'hui, exceptionnellement oblative, elle œuvre pour le compte de la communauté et chacun lui en sait gré.

De mémoire du curé, jamais paroissien dans la région ne put admirer pareil spectacle. Dans un va-et-vient du regard, il embrasse l'immense cadre luxuriant de feuillage, de lierre, de mousse, de branches mortes couvertes de lichens et au fond, au pied d'un sapin qui touche le plafond, la grotte de terre rouge et les personnages entourés d'une espèce de zébu, de deux chèvres maigrelettes, d'un âne et de trois moutons, sans oublier les monstrueux ptérosauriens du crétacé des deux petits diables, le tout se reflétant dans un bassin fait de miroirs, de cailloux et de roseaux séchés. Rien qui rappelle vraiment Bethléem. Puis le père Baron se concentre sur son sujet de prédilection : la Sainte Famille. Délaissant à la fois Jésus, squelettique prématuré recroquevillé dans son couffin de paille, et Joseph, centenaire, bossu et grimaçant, il marque l'arrêt sur la Vierge, le sourcil haut levé, interrogateur. Là, je suis pris en flagrant délit de fantasme et lui confesse que Brigitte Bardot m'a plus inspiré que les pietà ou les Vierges à l'Enfant du XVIe siècle, beautés fades passées de mode, l'air soumis, parfois même sinistres. Lorsque mes mains dans la glaise s'attaquèrent à Marie, elles modelèrent tout naturellement une silhouette pulpeuse puis une bouche épaisse, boudeuse, sensuelle et de grands yeux étonnés lui conférant un petit air canaille qu'il récuse par principe mais sans s'offusquer outre mesure. Sa réflexion passe au-delà. En revanche, trois ou quatre vieilles bigotes, à deux doigts de réclamer le remboursement de leur entrée, claqueront la porte.

Le père Baron prend du recul, ouvre les mains, paumes vers le ciel, pour consacrer je ne sais quoi et m'interroge :

« Pourquoi n'avez-vous pas choisi l'école libre ? Vous y seriez plus à l'aise.

– Je suis athée, et vous le savez, mon père, rétorqué-je.

– Vous êtes athée peut-être mais hypocrite certainement car vous n'hésitez pas à faire commerce d'une valeur spirituelle essentielle de l'Église ! De surcroît, mais ceci est un autre débat, vous profitez des fêtes religieuses pour prendre vos congés… Noël, Pâques, Ascension… Qu'est-ce que vous répondez à ça ? »

Il me faut effectivement répondre, et à travers un raccourci, car pour me mettre en difficulté, ce coquin opportuniste prend à témoin les premiers curieux qui nous entourent.

« Noël, depuis toujours, est une fête que croyants et non-croyants partagent, ainsi vos fidèles peuvent suivre les rites de leur confession. *Idem* pour les autres célébrations que vous citez. En fait, c'est l'Église qui bénéficie de la tolérance de l'école publique, et non l'inverse. Par ailleurs, monsieur le curé, pour moi, Jésus-Christ est d'abord un rebelle historique, un contestataire auquel bien des révolutionnaires pourraient faire référence. Permettez qu'il entre dans le bien commun. »

J'achève ma défense sur le pas de la porte. Conscient que je n'ai pas le temps de poursuivre la conversation, M. le curé, qui a beaucoup à dire sur le contestataire, prend congé à regret et l'échange tourne court. Nous nous reverrons car le sujet, d'envergure, mérite autre chose qu'un aparté au pied d'une congère par moins quinze degrés.

« Je suis sûr qu'il est jaloux, me chuchote Mireille, sa crèche à l'église, la vraie, est drôlement vieux jeu ! »

Malgré l'état des chemins, l'affluence attendue se confirme et la salle d'exposition se remplit, tout comme la caisse. Mireille, radieuse, pavoise derrière son guichet.

À l'heure de la messe, les dames sur leur trente et un, jacassantes, exubérantes, après avoir transformé l'école en foirail, s'esquivent et laissent la place aux hommes. Sur le chemin de l'apéritif, ils ne s'éternisent pas mais prennent cependant le temps de s'intéresser aux œuvres de leurs rejetons qui, depuis l'ouverture, montent une garde assidue. J'emboîte le pas de leurs pères dès qu'ils sortent et charge Jean-Michel d'assurer la relève.

Fernand affiche un air soucieux peu habituel. Il questionne :

« Vous êtes sûr qu'y avait des vaches là-bas, c'était pas plutôt des chameaux à c'que j'crois ?

– Vaches ou chameaux, on s'en fout, ça n'a même pas existé. C'est des histoires de curés, proteste le vieux bolchevique de Jean-Jean qui, pour rien au monde, n'aurait fait le détour pour une autre crèche que la sienne qu'il installe minutieusement chaque année dans sa cuisine sur un vieux pétrin, rien que pour lui.

– Mais, bon Dieu, qu'est-ce que t'en sais, t'y étais pas du temps d'Jésus !... Et y a pas de fumée sans feu », réplique Fernand.

Nous nous gardons tous d'intervenir et laissons courir ce dialogue, où le bon sens, l'ignorance et l'absurde se mélangent, pour nous en régaler une partie du repas, autant que des paupiettes de Lucie.

Lorsque je reviens en début d'après-midi, Mireille, vissée à son tabouret, refuse de céder sa place à sa sœur Annette. Celle-ci ne demande pas son reste et déguerpit. Le grand benêt boutonneux qui fait les cent pas près du lavoir ne doit pas être étranger au sourire lumineux de la grande sœur si souvent triste.

J'apprends que M. le maire, madame et leurs deux filles sont passés au sortir de la messe et qu'ils reviendront le soir pour admirer les illuminations. Du son et lumière ambitieux envisagé ne subsistent que des guirlandes d'ampoules multicolores et une lampe de poche braquée sur la crèche, M. Richard m'ayant convaincu que ma « musique de nègre », le gospel, choquerait la population. J'aurais dû effectivement me douter qu'à Bricourt on est plus Tino Rossi et *Petit Papa Noël* que *My God is Real* et Mahalia Jackson.

19 heures, l'heure des comptes. La quasi-totalité de la classe rapplique aux résultats et s'agglutine autour de Mireille qui, suffisante, a posé ses mains sur la caisse. Sa caisse. La curiosité impatiente énerve les regards car Mireille, la seule à savoir, exploite la situation et fait durer l'attente, essayant vainement de maîtriser son plaisir. Ses joues rosissantes et son œil étincelant trahissent sa jouissance et rassurent les plus observateurs. Lentement, sadiquement, elle soulève le couvercle du petit coffret qui d'un coup livre son mystère et déclenche une explosion de joie. Les billets entassés forment un dôme impressionnant qui nous laisse pantois ; comme les autres, je n'échappe pas à la divine surprise : dix-sept mille francs !

Plus du tiers de mon traitement !...

« C'est beaucoup, m'sieur... J'ai encore jamais vu autant de billets... Qu'est-ce qu'on peut bien faire avec tout ça ? commente Mireille qui semble vivre un moment fort de son existence.

– Effectivement, c'est une jolie somme à l'utilisation de laquelle il nous faudra réfléchir. En attendant, toutes mes félicitations. Vos efforts sont largement récompensés. Bravo... N'oubliez pas de remercier vos familles. »

Une phrase de M. le maire me revient, que je n'avais pas crue : « Il y a du cœur derrière ces vieilles pierres. » Je n'en doute plus. Jusqu'alors, rien ne m'avait permis de pénétrer les carapaces rébarbatives de ces paysans où je sais maintenant qu'ils cachent, par trop de pudeur, leur sensibilité et une grande générosité. Peut-être aussi se protègent-ils de leur vulnérabilité en dressant ce rideau défensif. Désormais je ne m'arrêterai plus à cette barrière trompeuse. Où que j'aille.

Puis je sus qu'avec cette mirobolante recette nous avions fait la pige au denier du culte et le père Baron trouva là une autre raison de me maudire, la jalousie étant un vilain et incorrigible défaut qu'aucune foi ne saurait éradiquer.

Le matin du dernier jour de classe, avant les vacances, plusieurs enfants s'approchent du bureau avec chacun à la main un sac en papier ou un carton à chaussures qu'ils me tendent, non sans cérémonie.

« Maître, c'est pour votre Noël, annonce Jean-Michel.

– Pour vos étrennes aussi », précise Didier, craignant qu'à la rentrée j'attende la suite.

Surpris par cette attention inattendue, je balbutie un timide « Merci » et redeviens dans la seconde petit garçon ému et emprunté devant ses jouets sous le sapin. Je sais donner mais pas recevoir et tout cadeau me met mal à l'aise. L'orgueil dessert parfois. Ainsi, la bonne vieille tradition des cadeaux de fin d'année à M. l'instituteur persiste donc, témoignage de reconnaissance que je dois sûrement mériter puisque aucune famille ne m'a oublié.

Pour être gâté, je suis gâté. Poulets de cinq à six livres, jambon fumé, bouteilles de mirabelle, de quetsche, de prune... Ah ! non, je n'ai pas droit à la prunelle de M. Dautremont... Autant de récompenses pour le service rendu qui empliront demain ma valise. Comme Mireille, je l'ouvrirai lentement devant mes parents pour exhiber, un rien cabot, mes trophées qui leur en diront plus long sur ma prestation à Bricourt que toute narration. Une prestation que de toute façon je ne puis évaluer objectivement sans expérience ni repère. Je m'en remets donc au jugement populaire d'autant plus volontiers qu'il me satisfait.

Un hiver dans la tourmente

Le temps ne respecte pas la trêve des confiseurs. Il est ce qu'il est, le temps, ni beau ni mauvais ; il est de saison, alternant neige et grand froid, un temps d'hiver ordinaire qui fait que l'on reprend la classe sans regret.

Après nous avoir agacés pendant l'automne, parce qu'il encombrait le centre de la classe, le poêle, réhabilité et faisant l'objet de toutes les attentions, tient la vedette, surtout à la récréation, où nous faisons cercle autour de lui. Bourré jusqu'à la gueule, il ronfle gaillardement mais ses efforts suffisent à peine à nous réchauffer et les filles conservent le manteau sur les épaules jusqu'à midi.

Aux fenêtres, élégante frise, le givre tient bon et s'accroche au pourtour des vitres qu'il irise la matinée durant avant de disparaître dans un rideau de buée ruisselante.

Dehors, tout est blanc, méconnaissable. Une nouvelle neige a enseveli pour un temps la laideur des rues et des fumiers. Sous son épaisse camisole de silence, le village, Bruegel grandeur nature, hiberne dans une douce somnolence et les bruits de sa vie végétative s'étouffent, mort-nés. Enveloppé par cette paix blanche, religieuse, que l'on n'ose déranger, on se surprend parfois à parler bas. Même les chiens, frigorifiés dans leurs niches, se refusent à aboyer. Marcel semble retenir son marteau dont les coups parviennent assourdis comme des gongs mats et lointains. Seuls les gros corbeaux, maîtres d'un ciel tantôt gris jaunâtre tantôt bleu, narguent cette sérénité et lancent, irrespectueux, des croassements rauques plus sinistres encore.

Dans ma cheminée, la grosse *queuche* de chêne que j'ai recouverte de cendres ce matin se consume lentement. À 5 heures, une brassée d'*ételles*, trois rondins de charme sec et deux coups de soufflet ranimeront le feu que j'entretiendrai ainsi jusqu'à Pâques.

J'aimerais profiter après la classe de cette atmosphère douillette et reposante, unique plaisir qu'offre l'hiver champenois, mais Jean-Michel ne m'en laisse pas le loisir. Comme chaque soir, il m'attend de pied ferme derrière son pupitre, l'enthousiasme intact.

Ce qui n'est pas mon cas à l'idée de retrouver chez Lucie la compagnie inintéressante de sa clientèle.

Un Fernand aux couleurs vives sous une barbe de plusieurs jours franchit l'emmarchement de la porte de son pas lourdaud de vieux percheron.

Fernand ne peut pas être frileux. Constamment aviné et grassement enrobé, le froid n'a pas prise sur lui et aujourd'hui, alors même que son tas de fumier frais ne dégèle pas, il ne porte sur sa chemise débraillée qu'une veste de chasse en toile.

Ses bas de pantalon en coutil gris, tire-bouchonnés sur des chaussures de cuir craquelé, traînent des souvenirs de basse-cour et de soue qu'il perd à chaque pas, au grand désespoir de Lucie qui, après vingt fois, a renoncé à lui en faire la remarque. Fernand est ici comme chez lui. Enfoncées verticalement dans des poches trop basses, ses grosses pognes élargissent un peu plus sa silhouette massive à laquelle peu de portes tolèrent le passage. S'asseyant, il relève machinalement comme à son habitude sa casquette lustrée où s'accrochent épis d'avoine et brins de paille puis, avec application, se gratte cheveux et crâne poussiéreux. Sait-il seulement, Fernand, ce que shampooing veut dire ? Un large visage au sourire puéril et naïf apporte une note attendrissante à cette extravagante caricature façon Daumier. Nous l'aimons tous, Fernand, le physique taillé dans le roc et le cœur dans l'artichaut, ce ronchon qui menace souvent de tout tuer et tout casser mais n'a jamais pu saigner un lapin, laissant à Germaine cette cruelle et insupportable besogne. Une sensibilité extrême et une fragilité d'adolescent se cachent sous cette rugueuse carapace de rustre.

Son œil, encore jaune des libations de fin d'année, s'agrandit en me voyant et Fernand me lance :

« Tiens, v'là un r'venant… Noël l'a pas trop avarié, qu'on dirait. Il aurait même profité, not'*instrusiou* !

– Bien vu, Fernand, mais mon tour de taille est encore loin du vôtre », répliqué-je.

Inspiré par cette entame, il poursuit :

« À c'propos, j'tue l'cochon samedi prochain. J'vous invite… Pas à faire le boudin, pardi, mais à l'manger au souper. Si ça vous dit, c'est d'bon cœur ! »

Je saute sur l'invitation. Revivre ce rite campagnard, maintes fois célébré chez mes grands-parents dans mon enfance et dont je garde des images fortes et pleines de nostalgie, me comble.

Fernand, le verre à la main, suspend son geste au ras des lèvres… Germaine s'encadre dans la porte à la stupeur générale, elle qui ne met les pieds au café que six fois l'an, les jours de bal et seulement ces jours-là. La cause semble donc majeure.

« Debout, le Fernand, la "Georgette" va pas tarder à mett'bas… Grouille un peu, ordonne-t-elle.

– Mais, bon Dieu, c'était pas prévu pour aujourd'hui ! s'exclame Fernand.

– Elle est comme l'horloge du curé, la Georgette, elle avance… Allez, soûlaud, amène-toi, et vite ! meugle la Germaine.

– Qu'est-ce qu'elle raconte, l'horloge du curé est bloquée d'puis bien six mois… et c'est moi qui s'rais soûl ? »

Fernand et les chopines de rouge s'entendent fort bien jusqu'à la neuvième. Au-delà de ce seuil, au dire de Lucie, il y a conflit. Sa grande carcasse prend alors de la gîte dès lors qu'il quitte sa chaise et, ce soir, selon toute vraisemblance, nous sommes dans ce cas de figure puisque Fernand, malgré l'urgence, temporise :

« J'vas v'nir… le temps d'finir mon verre… Va d'vant. »

Germaine, furieuse, tourne les talons et, lorsqu'il la juge suffisamment loin, Fernand prend tous les risques et se lève. Évaluant que le moindre écart de cette masse peut causer des dégâts, nous retenons notre souffle et nos verres… Le danger public effleure la table, trouve le mur et, pour être sûr de ne pas buter contre l'une des trois marches, il les escamote toutes d'une seule enjambée. Sans saluer ni tirer la porte, Fernand s'enfonce dans la nuit.

« Je ne voudrais pas être à la place de Georgette », conclut Devieux.

Le lendemain matin, le petit Robert m'apportera des nouvelles fraîches et rassurantes du veau et de Georgette qui, Dieu merci, n'aura pas eu recours à l'intervention de Fernand.

Germaine, parlons-en. La quarantaine révolue, se tient mieux que lui mais se « dérange ». Ses seules disgrâces : des bourrelets raisonnables entre fesses et seins et deux épais chapelets variqueux zigzaguant des chevilles aux jarrets pour ce que j'ai pu observer, au-delà pour Bébert qui nous dit avoir vérifié. Ces imperfections ne l'empêchent nullement de trouver preneur. Les langues de vipères affirment qu'elle aurait passé en revue tous les hommes du village disponibles ou non mais consentants, et les autres langues élargissent son rayon d'action au canton. Se basant sur cette renommée, Lucie s'étonne ce soir que je n'aie pas encore été sollicité. Je ne mettrai pas longtemps à la rassurer car je n'échapperai pas à la concupiscence et au ratissage systématique de Germaine. Peu de temps après cette soirée, c'est tout bonnement et à brûle-pourpoint qu'elle me proposera ses services en osant cet adage aussi vulgaire que contestable, inspiré, je suppose, par ma jeunesse inexpérimentée : « C'est dans les vieux pots qu'on fait la bonne soupe et qu'après la fille je pouvais bien essayer la mère. » Oui, Germaine tentera sa chance ainsi, n'ayant plus que cet argument à faire valoir à la veille d'une ménopause menaçante qui, pour elle, sonnera le glas de ses appétits. Les clients ne se bousculant plus au portillon, Germaine fait feu de tout bois avant que sa vie perde son sens.

Dans ce village, où à chaque pas je côtoie Zola, sa proposition me surprendra à peine et je l'éconduirai en lui rappelant que, par principe, je n'ai pas pour habitude de m'occuper à la fois de la vache et du veau. De cette réponse, elle s'offusquera du fond, mais pas de la forme, ne voyant aucune incompatibilité dans ces relations mais au contraire une complémentarité très bénéfique. Désolée de n'avoir pu me convaincre, mais sans rancune et généreuse, elle continuera à m'ouvrir grande sa table, et de souventes fois.

Dans la perspective de rencontres intéressantes mais fortuites, Germaine veille à toujours bien paraître. Jamais elle ne sort de la ferme sans changer de tablier ou de blouse et sans avoir réajusté sa mise en plis. Quant à ses dessous, mystère, Bébert restant équivoque sur le sujet.

Chaque dimanche matin, la mère et la fille se posent réciproquement les bigoudis et à l'identique, de sorte que leurs coiffures se superposent à un cheveu près. Il y a curieusement entre elles une connivence de grandes sœurs malgré leur concurrence farouche sur le terrain de la gaudriole.

La débauche qui s'étale au grand jour semble appartenir aux us et coutumes du village. Je pense qu'elle prend ses racines dans l'absence totale de distraction dont elle serait la seule alternative. Puisqu'on ne va pas au cinéma, on se cocufie. Les aventures galantes, manifestations socioculturelles dont jouissent également acteurs et spectateurs, inconvenantes et réprouvées en d'autres lieux, se banalisent ici dans l'inconscient collectif et préservent un équilibre psychologique salutaire pour la santé mentale de la population. On peut dire qu'à Bricourt le dévergondage participe à l'hygiène de vie.

Et le curé doit se féliciter de n'être pas marié lorsque ces dames passent à confesse.

Samedi, je n'attends pas l'heure du repas – programmé fort tard m'a prévenu Fernand – pour me rendre à la ferme qui bourdonne comme ruche au printemps.

Le paysan n'a pas le monopole du cochon. Chaque famille nombreuse en élève au moins un chaque année, et pour cause, il s'engraisse sans bourse délier. La poubelle, c'est lui. Omnivore, pas regardant sur la qualité et toujours affamé, il se jette sur tout ce qu'on lui présente car tout fait lard : épluchures, restes de repas, pommes de terre au rebut, son, os, viandes et fruits avariés, le tout mouillé des eaux grasses des vaisselles, et ce jusqu'à ce qu'il atteigne deux bons quintaux. Jamais moins. Le paysan, jusqu'alors conservateur du goût, joue son honneur dans la qualité des produits qui sortent de sa ferme et un cochon en dessous de ce seuil minimum n'a pas droit à l'appellation.

Sa dernière heure sonne généralement au milieu de l'hiver et le cérémonial qui entoure l'immolation a, pour les non-initiés et les âmes sensibles, des allures de sacrifice sauvage et cruel. Car l'animal est égorgé vivant.

En sus de toute la maisonnée, voisins, oncles et tantes, neveux et cousins, se rassemblent au petit matin pour prêter main-forte car il faut faire vite. Amener la bête, la saigner, recueillir le sang, brûler les soies aux brandons de paille, racler, la pendre écartelée à l'échelle posée contre la grange, dépecer, vider, débiter, nettoyer les boyaux à grande eau, éplucher les oignons pour le boudin, préparer les pâtés de tête et de couenne, les andouillettes et enfin la sanguette craquante qui débutera le repas… Ce gigantesque chantier d'un jour nécessite cette collaboration conviviale et joyeuse, à charge de revanche, qui s'achève dans une ripaille festive copieusement arrosée.

Il y a quelque chose de tribal dans cette ancestrale tradition.

Très tard, chacun rentre avec, sous le bras, enveloppé dans un torchon, un souvenir du défunt qui assurera les repas du lendemain. On n'oublie pas le curé absent cette fois et qui depuis longtemps ne bénit plus la bête. Sa part, une belle part pour qui n'a pas mis la main à la pâte, l'attendra au garde-manger, comme de coutume.

Les petits, gavés et fourbus, posent la vessie du porc devenue ballon et passent sous l'édredon tandis que les parents débarrassent les reliefs tout en jetant un regard gourmand vers les deux jambons qui, pendant quelques semaines, orneront la cheminée tout en s'affinant.

À la cave, le gros du cochon baigne dans la saumure du saloir qui le conservera sain et goûteux une partie de l'année.

La même semaine, un autre cochon fait parler de lui. Phénomène local ou général, je ne sais plus, les sangliers en grand nombre désertent la forêt et pénètrent dans le village. Ils déambulent de rues en ruelles et achèvent leur périple dans les cours de fermes sous des pluies de chevrotines. L'hécatombe restera mémorable.

Au fond des saloirs, cochons domestiques et sauvages se serrèrent de près en cette année d'abondance pour le plaisir de tous, car tous en profitèrent. Solidarité obligeait encore !

Par la faute d'un hiver trop dur, l'animal affamé passa outre à son statut de sauvage. Une bourde qu'il paya très cher et qui donna en sus l'idée saugrenue à beaucoup de le domestiquer. Ainsi naîtra le « cochonglier ».

Ce pays de cocagne regorge de gibier à poil et à plume. Garennes, lièvres, bécasses, faisans, cailles et autres perdrix qui, en civet, en rôti pour les uns, en terrine, à la crème ou à la broche pour les autres, enrichissent les tables mais avec parcimonie. Non pas que ces chairs délicates et parfumées soient classées comme un luxe gastronomique, mais parce que la sagesse née de l'expérience du paysan amena celui-ci à les cataloguer préjudiciables à sa santé pour peu qu'il en abusât. Le gibier monte le sang à la tête, engorge le foie, noircit et durcit les selles. Une somme de conséquences inquiétantes qui incite à réfléchir même le plus gourmand. Sauf Fernand. Fernand ne souffre pas de telles manifestations. Omnivore, lui aussi, et de grande contenance, il affirme n'avoir jamais été en délicatesse avec ses « boyaux » et pourtant Dieu sait si Fernand en absorba des sangliers, base de ses menus en période de chasse… et en dehors. Car si, par tradition, tous les paysans chassent, par tradition aussi, quelques-uns braconnent. Et de père en fils. La fibre anarchiste qui titille chacun de nous s'exprime chez les plus rebelles à travers les interdits d'autant plus tentants que l'intolérance de la République est censée les condamner sévèrement.

Mais tout bien pesé, le braconnage, à Bricourt, ne dépasse plus le stade du petit plaisir délictueux, discret bras d'honneur aux institutions qu'absout la bienveillance populaire. Et le garde ne dit mot, qui rarement montre le bon exemple. À l'instar du libertinage, le braconnage met une pincée de sel dans la fadeur de la vie paysanne. Et c'est très bien ainsi.

Ce matin de février, alors qu'une tempête de petits flocons serrés traverse le ciel, vers 10 heures, une violente bourrasque glacée s'engouffre soudainement dans l'école. Des buvards s'envolent. La classe se tourne en bloc vers la porte ouverte sans ménagement. Dans l'encadrement, couverte de paillettes blanches comme une brioche au sucre, surgit la haute silhouette chapeautée de celui qu'une trop longue attente m'a fait oublier. Voilà « l'abominable homme des neiges ». Voilà M. l'inspecteur primaire. La main sur la clenche, immobile, il se prépare à jouir de son effet. Mus par un ressort, les grands, le reconnaissant, se lèvent d'un bond. Les autres suivent, tout comme moi dans un mauvais réflexe de jeune recrue apeurée. Debout, surpris et troublé, je me ressaisis et tente de maquiller mon comportement ridicule de larbin asservi tout en flageolant dans mon pantalon de velours. Et pourtant, il n'y a que quelques semaines, je l'attendais de pied ferme. Il allait voir ce qu'il allait voir !... Où es-tu passée, ma belle assurance ? Mais l'homme en impose naturellement. Assez pour me perturber, pas suffisamment pour empêcher ma haine accumulée de remonter. Je déniche de justesse un brin de courage et ouvre le feu :

« Monsieur, je vous prierai de bien vouloir frapper avant d'entrer... Asseyez-vous, les enfants. »

Et pan ! J'ai osé... ou dérapé, je ne sais pas. Je ne saurai jamais. Les gosses, effarés, me regardent. Lui ne bronche pas, ne sourcille pas, marque un temps, recule d'un pas, frappe deux coups, referme la porte derrière lui et se dirige lentement vers moi. Je perds une pédale. J'imaginais une réaction brutale, une charge de taureau, un coup de gueule, j'aurais voulu qu'il honore sa réputation... Il me déroute. Depuis trois mois, en prévision de sa visite, je répétais mon rôle face à une tornade annoncée, j'avais même quelques phrases toutes faites à dégainer et c'est le trou, le trou du comédien novice incapable d'improviser... et pas de souffleur. D'un signe des mains, je fais relever la classe. Il traverse la grande salle d'un pas mesuré, pèse de tout son regard lourd et noir sur chaque enfant pétrifié. « Il assoit son emprise d'abord sur eux mais ton tour approche, prépare-toi », me dis-je en même temps qu'une fable extravagante traverse en un éclair mon esprit… Ravy rentrant chez lui. Il pose son déguisement, sa défroque de loup-garou et… bas les masques, se fait tout petit, tout soumis devant madame qui enfile un pantalon, sort le stick de la botte et ordonne, menaçante : « Au pied, monsieur l'inspecteur »… Et si, avec ce fantasme, j'avais mis dans le mille ! Ravy, un faible, un pleutre en tenue camouflée, pourquoi non ? Combien de féroces adjudants à cette enseigne sévissent dans nos casernes ? L'idée séduisante me regonfle… Il gravit l'estrade, fait la roue, se débarrasse de son épais manteau et me le tend. Je réplique à ce geste condescendant et anticipe ma vengeance en accrochant vicieusement le vêtement à la patère cassée et acérée qui ne manquera pas de déformer l'encolure… Et que ma fête commence :

« Vous aviez obligation de m'adresser l'emploi du temps en début d'année et je l'attends toujours ! Expliquez-vous. »

Il n'a pas eu un mot pour les élèves.

« J'ai effectivement tardé à vous le soumettre car, depuis octobre, il a subi plusieurs modifications, il aurait donc été vite obsolète et, en outre, je doute que vous l'eussiez accepté.

– Voyons cela », dit-il en le cherchant en vain sur le mur.

Je lui indique le document punaisé sous Cellophane dans un angle du bureau.

« Ce n'est pas sa place », observe-t-il en chaussant ses lunettes.

Dans la seconde, la grande carcasse penchée se redresse vivement, un rictus déforme son visage atterré. Le naturel revient, il explose :

« J'ai bien lu "Morale et Instruction civique selon les opportunités", je ne rêve pas, dites-moi ? Depuis longtemps, sachez que Morale et Instruction civique débutent la matinée. C'est un principe à respecter et un principe logique. Et qu'est-ce que ça veut dire "selon les opportunités", hein ? Allez, j'attends encore vos explications... qui de toute façon seront forcément inacceptables. »

Je ne relève pas l'absurdité de ce « forcément inacceptables » et me justifie avec le maigre espoir de stimuler sa réflexion, sait-on jamais. Il doit bien exister dans un recoin, derrière ce front buté, quelques bribes d'intelligence :

« *A priori*, nous n'avons pas la même logique. Pour moi, la logique de l'enseignement repose sur l'efficacité et j'ai constaté que les enfants sont plus réceptifs à ces deux disciplines, au demeurant peu passionnantes, quand je les aborde dans un contexte et non pas de façon abrupte et abstraite, comme c'est le cas systématiquement en début de journée où elles tombent comme des cheveux sur la soupe. Des opportunités exploitables se présentent chaque jour…

– Vous n'êtes pas compétent pour prendre de telles initiatives, me coupe-t-il. Vous devez vous conformer à nos directives *ad litteram*. C'est de l'indiscipline, monsieur. »

Il a souligné cet indispensable ajout latin dont ne saurait se passer un inspecteur primaire, surtout primaire, face à un petit instituteur qui n'entend goutte à ce charabia de curé.

L'attaque est brutale, directe, sans round d'observation. Il cherche le K-O d'emblée. Mais le plus pénible reste à venir. Pour lui. Car si cet insignifiant détail l'a fait monter sur ses grands chevaux, je crains que la suite ne le conduise à quelques ruades.

M. Ravy replonge sur l'objet de son courroux et lorsqu'il se relève, à l'hostilité foncière de son regard s'ajoute une lueur étrange, à faire frissonner un aveugle. Elle me fusille :

« Je vais de surprise en surprise… "Quitte ou double"… "Seul contre tous"… Ainsi, vous jouez à "Quitte ou double"… en classe ? C'est de la provocation, monsieur ! »

Les lunettes sont sur le front, les poings sur les hanches. La tension monte.

« Monsieur, j'aurais…

– Monsieur l'inspecteur, s'il vous plaît », corrige-t-il d'un ton qui sonne la charge.

La guerre couvait, elle éclate.

« Monsieur l'inspecteur, poursuis-je poliment, dans la perspective de votre visite, j'aurais pu hypocritement vous préparer un emploi du temps standard qui ne vous aurait pas choqué, quitte à le modifier ensuite dans votre dos. Je n'appelle pas cela de la provocation mais de l'honnêteté intellectuelle.

– Vous faites le fanfaron, monsieur Collin, et puisque vous êtes si sûr de vous, montrez-moi donc à quoi rime votre "Quitte ou double". »

Enfin un répit dans son œuvre de sape. La partie ne serait-elle pas encore perdue ? Je choisis un cobaye bien évidemment au hasard, Jean-Michel par exemple, qui n'en mène pas large, et l'invite à nous rejoindre sur le plateau. Mon clin d'œil complice au passage le remet droit dans ses galoches. L'inspecteur, fidèle auditeur de Radio Luxembourg comme tout Champenois pour qui ce jeu n'a pas de secret, me dispense d'explications superflues et décline mon offre d'endosser le rôle du célèbre animateur Zappy Max. J'interrogerai donc Jean-Michel et opte pour le programme d'histoire vu depuis la rentrée. M. Ravy acquiesce.

Arrivé sans encombre à seize points, Jean-Michel abandonne à la surprise de l'inspecteur :

« Vous étiez bien parti… Ah ! vous manquez d'ambition, mon garçon. Dommage.

– Oui, mais je me suis déjà fait avoir une fois, explique l'élève, alors maintenant je suis prudent. Et puis, je n'ai pas révisé l'histoire depuis un bon moment.

– À la décharge de Jean-Michel, ajouté-je, ses préoccupations vont plutôt à la préparation de son admission en 4e technique…

– En 4e… Pourquoi pas à la Polytechnique ! ironise M. Ravy. Vous ne doutez de rien, monsieur Collin, vraiment de rien. N'y aurait-il pas en fin d'année un certain certificat d'études auquel vous pourriez aussi vous intéresser ? »

Il achève sa remarque en quittant l'estrade dans une grande enjambée pour se diriger, très intrigué, vers la carte de France et ses petits drapeaux qui viennent de lui tirer l'œil. Il questionne :

« C'est un nouveau jeu, je suppose ?

– En quelque sorte… »

Et j'explique : les livres usagés et trop vieux, les pages manquantes, l'opération syndicats d'initiative qui commence à porter ses fruits… Il a écouté mais, pour tout commentaire, nous avons droit à un soupir, un long silence que conclut un haussement d'épaules désabusé. Une trêve verbale. Une trêve de courte durée car, sur un rayon au fond de la classe, il repère les sujets de Noël où ne figurent ni la Vierge ni Joseph, trop grands, trop lourds et laissés au sol dans un coin. Quant à l'Enfant Jésus, son squelette fragile n'ayant pas survécu aux manipulations, il a rejoint son Père prématurément.

« Le modelage est un excellent exercice… Enfin un bon point ! Sont-ce les animaux de la ferme ? s'enquiert M. Ravy, précieux mais presque aimable.

– Non, m'sieur, c'est ceux d'la crèche », cafarde derrière nous la voix aigrelette du petit Robert, en toute naïveté.

La flèche atteint l'inspecteur en plein dans l'âme. Arrêt sur image, une image d'abord pathétique, l'image d'un homme accablé, anéanti. La bouche, les joues s'avachissent longuement… L'atmosphère s'alourdit. Puis, par petites touches, dans un fondu enchaîné, la transformation s'opère. Le menton s'avance, les lèvres blanchies se pincent, les mâchoires se crispent, les yeux se plissent sous les paupières lourdes. Je bande l'échiné. La volée de bois vert est imminente… La voilà.

« Rien ne me sera donc épargné aujourd'hui. Rien. En une demi-heure, vous réussissez l'exploit, monsieur Collin, de me jeter à la figure plus de camouflets que je n'en ai reçu pendant toute ma carrière. Oui, de toute ma carrière. Cette maudite école est la honte de ma circonscription. Le curé hier, une crèche maintenant, ces drapeaux ridicules, l'instruction civique quand ça vous chante, "Quitte ou double"… Et je n'ai pas encore tout vu, n'est-ce pas ? Vous avez bien en réserve quelque autre idée farfelue à me soumettre, non ? Et les élèves, eux, qu'est-ce qu'ils en disent, de cette pédagogie d'anarchiste ? Voyons un peu les résultats de vos divagations… Allez, prenez vos livres de lecture. Allez, réveillez-vous ! »

Tel le dindon, il a « poussé le rouge » et, sans tranquillisant, il ne dormira pas bien cette nuit, notre inspecteur.

Les gosses sortent de leur ébahissement et, jeunes chats effarouchés, se recroquevillent. L'épreuve qui va suivre ne sera pas, pour moi, celle du rattrapage. Pour enfoncer le clou, l'inspecteur, qui a plus de vices que de vertus et qui jouit d'une parfaite connaissance des enfants, se garde bien de s'adresser aux plus éveillés. Didier et Denis, qui se disputent le meilleur profil du cancre scolaire, seulement scolaire – mais ceci est une autre histoire –, n'échappent pas à la perspicacité de M. Ravy. Ils seront les malheureuses victimes du sadisme affiché et inattaquable du potentat.

Bien qu'il sache à l'avance le résultat de son investigation, sa malveillance l'entraîne jusqu'à la torture morale de mes deux benêts à l'agonie, dans le seul but de m'estoquer. Et il m'estoquera :

« C.Q.F.D., monsieur Collin ! »

Il se contente de cette pichenette et regagne le bureau avec, croit-il, son plein de déconvenues. Trop, c'est trop, dit son visage crispé.

Ce test, point culminant de son entreprise de démolition, semble mettre un terme à sa visite, quand son œil de rapace roule à droite et lorgne vers le Teppaz qui lui a échappé. M. Ravy, pas encore rassasié, ni au bout de ses peines, ramasse les trois 45 tours, les observe et je me dis que Bechet et Satchmo vont passer un sale quart d'heure. Il hoche la tête, se voûte, m'ignore, revient aux élèves, tournicote un instant comme une mouche charbonneuse, remonte sur le ring, pensé-je, pour le dernier round. Mais les uppercuts, les crochets et les swings restent dans les poings, et c'est bien dommage car je ne saurai jamais ce que M. Ravy pense de ma musique de nègre. Pourtant, j'aurais aimé.

Enfin, il décroche son raglan encore humide, tente sans y parvenir d'effacer la verrue laissée par la patère, l'enfile et gagne la porte. Tous les yeux accompagnent la bosse de bison ridicule, vengeance mesquine mais qui nous fait grand bien. Pas un mot, non, pas un mot à l'intention des enfants. Un *vade retro Satana* des pages roses me reste dans la gorge. Sur le pas de la porte, prêt à sortir, il se ravise :

« Il est inutile, évidemment, de vous demander si vous pensez honorer de votre présence la prochaine réunion pédagogique. Inutile, n'est-ce pas ?

– Inutile, évidemment, monsieur », rétorqué-je machinalement comme s'il n'était déjà plus parmi nous.

Toujours silencieuse, paralysée, la classe regarde passer devant les fenêtres l'inspecteur déjà saupoudré de blanc, espérant secrètement qu'une plaque de verglas… Mais rien. Tant pis !

Pour clore cette séquence, je verrais volontiers une page blanche, symbole du mépris que je manifeste à l'égard de cet homme sans intérêt. Mais il est l'Éducation nationale.

J'attendais la tempête, ayant semé le vent, et je fus bien servi. Jusqu'ici, tout allait bien et je pourrais mettre ici le point final à ce chapitre. Toutefois, au-delà de cette situation que j'ai voulue, le cas Ravy inquiète car il n'est pas unique. M. Ravy appartient à cette catégorie de gens qui, ayant obtenu une responsabilité et un petit pouvoir, savent et s'en remettent définitivement à ce savoir incontestable, et, pour la plupart, jamais mis à jour. Ils vont leur train-train sur les rails d'habitudes confortables et sécurisantes dont ils ne tardent pas à se satisfaire. Ils crient haro sur le baudet lorsqu'une brebis galeuse, inventive et curieuse, trouble leur sérénité en sortant du troupeau pour être l'exception qui ne confirme pas la règle, quand celle-ci, bien que de bon cru, en prenant de la bouteille, a madérisé. Destin de bien des règles, et celles de l'Éducation nationale n'y échappent pas.

Ma première et seule réunion pédagogique m'avait mis la puce à l'oreille et laissé un goût d'amertume. Aujourd'hui, en mettant de côté l'animosité légitime qu'il me témoigne, l'inspecteur m'a conforté dans cette décourageante constatation aggravée par la certitude que pour lui, et d'autres sans nul doute, dans les pas d'Alain, « l'enseignement doit être résolument retardataire ».

Un soleil pâle décline sur les bois de Peute Bête et Chantecoq. La nuit fraîche et humide s'installera vite. Seul dans mon immense dortoir, je regarde, dans le jardin meurtri par l'hiver, les ombres des grands chênes voisins se balancer mollement au gré du vent d'ouest sur le mur d'enceinte décrépi. Le lent va-et-vient, à la longue lancinant, de ces fantômes échevelés berce ma morosité, une morosité naissante et inhabituelle. Tout devient sombre, glacial, pesant. Le silence, la solitude, l'obscurité, de connivence ce soir, m'entraînent sur une mauvaise pente...

Pour enrayer la dérive, je relance en hâte dans la cheminée le feu agonisant dont les flammes guillerettes et crépitantes m'apporteront vite leur compagnie. Dernier recours.

Au café déjà, je n'étais pas dans mon assiette. J'y avais décliné une aimable invitation pour un tarot, qui réclame attention, lui préférant la peinture avec laquelle je suis en bons termes depuis quelques semaines. Mais cette ingrate, cette capricieuse, refusa d'emblée mes avances. Il est des jours comme ça, des jours marécageux.

Allongé sur le lit, je ramasse, qui traîne par terre, *Un singe en hiver* et feuillette, au hasard, sans conviction. Blondin n'accroche plus. Je l'ai pourtant avalé cul sec avec le désir d'y revenir...

D'abord indécises, puis bientôt hautes et claires, les flammes promises dansent dans l'âtre, projetant au fond de la grande chambre noire un ballet de spectres géants, théâtre muet et extravagant, un spectacle familier qui d'ordinaire m'apaise et me plonge dans une douce torpeur, prémices d'un profond sommeil. Ce soir, rien de tout cela. Ce soir, au contraire, il exacerbe ma vigilance, m'agace, déclenche des pensées en vrac, biscornues, qui se télescopent, incohérentes. Un malêtre, sans queue ni tête, tenace. Je voudrais lui trouver une raison, une seule, une toute petite raison. Mais ce soir, les voies du cerveau sont impénétrables. Le mal est idiopathique.

À moins que… l'absence ?…

C'est ce soir-là que Claudine choisit pour tomber dans mon cafard comme un pavé d'améthyste dans une mare d'eau croupie. Une secousse providentielle dans mon vague à l'âme et mon premier naufrage tournera court.

On frappe, j'ouvre. Michel le thaumaturge, l'homme au Fly-Tox, à la Traction et à la bamboche facile – avais-je appris –, entre en se frottant énergiquement les mains, l'œil brillant et tout sourires.

« Oh ! Vous avez l'air chiffonné, monsieur l'instituteur… Rien d'étonnant, dans ce décor… Alors j'arrive à point. Je venais vous proposer de m'accompagner à Riocourt, histoire de boire un verre entre copains… des copains et des copines, bien sûr, tous très sympas… Ça vous sortira de ce tabernacle. Allez, en route. »

Impropre à toute activité mentale, je passe ma canadienne et, aveugle derrière son chien, je le suis.

Pour la seconde fois, Michel entre dans ma vie avec une opportunité qui pose question et il s'en faut d'un rien que je ne croie enfin à la belle histoire de l'ange gardien dont il serait l'envoyé spécial. Mais, réaliste, j'opte plutôt pour les coïncidences qui ont le mérite de se vérifier.

Un courant d'air frais dans la voiture chasse l'épaisse brume cérébrale qui m'avait anéanti et j'arrive ragaillardi à Riocourt.

Cinq jeunes gens chahutent et parlent fort autour d'une table du café fermé au public à cette heure tardive. Un café sinistre, qui ne rachète pas un village plus sordide encore que Bricourt. Le café, d'ici ou d'ailleurs, seul point de rencontre, sert de refuge à une jeunesse désœuvrée qui fume et boit souvent jusqu'à l'excès. Excès qui signifie exploit et dont elle se vante à travers des récits de beuveries mémorables, de nuits blanches, de retours épiques en voiture, de fossés et d'arbres évités de justesse, de lendemains cauchemardesques, de lendemains amnésiques. En toute inconscience ; en toute impunité aussi, puisqu'en ce temps-là le gendarme, du même acabit, ne risquait pas de s'en émouvoir. L'indulgence reste de rigueur pour l'ivrogne sympathique dont la galerie s'amuse et qui amuse la galerie. Sauf celle des rares puritains, des rabat-joie...

En entrant, je ne vois qu'elle. Je ne peux voir qu'elle. Beauté, charme, sensualité d'un seul tenant ont surgi derrière le zinc d'un autre temps. Un joyau dans un écrin de pacotille. Mandrake serait-il passé par là ? L'apparition, surréaliste dans cette salle glauque, crève l'écran de mes fantasmes, des fantasmes bien ordinaires et légitimes : elle est la première jolie fille qu'il m'est donné d'approcher depuis des mois. Elle est le puits salvateur pour le caravanier assoiffé… Forcément je ne vois qu'elle, elle et ses yeux sombres, pétillants, sans pudeur qui proposent à l'envi volupté, draps chiffonnés, sueur parfumée, ongles qui griffent, cuisses qui s'enlacent, une histoire de sens qui chavire d'avance, qui brûle les étapes… Et pourtant, je n'en vois que la moitié, qui emplit des verres au-dessus du comptoir. La suite… j'attends la suite. Et la suite arrive, dansante, ondulante, ensorcelante, presque de trop.

Elle ? Elle ne voit que moi. Alors, seuls parmi les autres et leur barouf, nous communions intensément dans un même désir, un même besoin incontrôlable à assouvir, et vite. Malaise divin… Nos lendemains se négocient sans un mot, sans un geste, juste ce mystérieux magnétisme irrésistible des regards qui naît au creux du ventre et à force d'engagement solennel.

Et le premier lendemain, à 17 heures, elle est là, devant ma porte, accotée à sa Motobécane posée contre le mur. À la queue leu leu, les vingt-deux gosses, le front plissé ou ricanant, défilent sous son nez, sans discrétion aucune et passent une revue de détail minutieuse, se retournant au besoin pour ne rien oublier, le village devant tout savoir.

J'entraîne vivement Claudine pour la soustraire aux regards inquisiteurs et en même temps que je ferme la porte du talon, dans une subite étreinte ardente, animale, nos corps à bout, sous haute tension explosent... C'est mon baptême du feu, un feu jusqu'alors inconnu qui me ravagea les entrailles toute cette journée qui n'en finissait plus de finir, une torture viscérale qui ressemble, en plus intense, à celle qui précéda mon premier saut en parachute... D'un coup, la voilure s'ouvre et c'est la délivrance. Un tourbillon dévastateur et ce geyser libérateur de délices extrêmes... Les râles se taisent. Deux soupirs à l'unisson meurent dans une douce glissade vers un néant plein d'une béatitude irréelle... Silence. Le cœur et le corps ont accompli leur forfait. L'un inerte, l'autre, pour un temps, cogne fort et résonne. Ciel de traîne après l'orage... Vidé, désincarné, on s'abandonne à une léthargie extatique que l'on voudrait éternelle, mais dont on sait la fin inéluctable, une fin annoncée pour inciter à jouir davantage de cet instant béni, un instant à ne pas rater, surtout pas. On perd le temps et l'espace, on perd la tête... qui me revient trop tôt et, quel gaspillage !, je pense. Je pense que bientôt ces corps et ces cœurs n'auront plus rien à se prouver, à peine à se dire, ayant bradé leur potentiel d'émotions en un seul lot. Comment pourrais-je à nouveau vibrer autant ? Comment pourrais-je encore souffrir aussi délicieusement ? Qu'attendre de demain et d'après-demain ? Des amours ordinaires, des coups de cœur de passage, quelques palpitations, un frisson par-ci, par-là, les sens désormais en berne... Je gâche mon premier vrai coup de foudre, que je crois unique, et je le gâche d'autant plus que l'avenir me donnera raison.

Nous nous ébrouons vers 22 heures, dérangés par le froid et les impératifs de ma Cendrillon qui doit rentrer avant les douze coups de minuit. Son oncle, chez qui elle réside, homme pointilleux sur l'éducation des jeunes filles, ne tolère pas quc sa nièce, sa petite protégée, rentre tard. Quant à découcher, aurait-on jamais vu ça !... Pourtant majeure, Claudine ne se permettrait jamais, au grand jamais, de désobéir à son tonton : j'ai déniché une perle.

Dehors, ce n'est pas la température glaciale, ni la nuit d'encre qui nous saisissent. Claudine, méconnaissable, gantée de laine, le visage dissimulé sous un épais passe-montagne, emmitouflée dans un long et lourd paletot d'homme, descend le perron, et c'est une sorte d'épouvantail qui pousse la pétrolette, s'arrête, se penche et me lance :

« Mes deux roues sont à plat... De beaux petits salauds, tes élèves ! Tu peux en être fier. »

Je constate la catastrophe, et le mot n'est pas trop fort, car pour être une catastrophe, c'est une catastrophe. 23 heures viennent de sonner et à 23 heures, le village dort du sommeil du paysan que seule une vache prête à vêler peut tirer du lit. Car il n'y a, pour nous sortir de là, qu'une solution : trouver une âme charitable possédant une voiture. Seulement, à Bricourt, il y a peu d'âmes charitables et encore moins de voitures. Celles-ci se comptant sur les doigts d'une main, j'en aurai vite fait le tour. Michel habite ailleurs, M. Pourcier, taxi occasionnel, ne sort sa Simca 8 qu'aux heures ouvrables quand le temps le permet, le diesel de la vieille dépanneuse de Marcel n'a pas bien supporté l'hiver et attend le dégel, restent Bertaud... tiens, pourquoi pas, et M. le maire !... Claudine, qui piaffe, coupe court à mon inventaire et, refusant que nous nous fassions remarquer davantage – elle invoque sa réputation –, propose de regagner Riocourt sur mon vélo. Pas avec, mais sur mon vélo, en amazone. J'en conclus que les femmes sont inconscientes, imprévisibles et sans pitié ! Et à leur sujet, déjà bien échaudé, je ne suis pas au bout de mes surprises.

Le fiasco par lequel s'achève notre soirée – qui aurait jusqu'ici mérité un Dom Pérignon 1947 – est tel, le ridicule l'y dispute tant au grotesque, que je ne trouve rien de mieux, pour exprimer ce contraste, qu'un fou rire nerveux, tonitruant, dont frémit la nuit silencieuse, qui doit se demander ce qui lui arrive. Claudine ne me suit pas sur ce terrain, non, Claudine excédée s'énerve et m'invite à activer son retour, que je pressens à haut risque. Mon fou rire a eu la vie dure. Il ne cessera qu'aux premiers tours de pédales.

Je pilote sans visibilité. Claudine, assise en travers du cadre et faisant écran, assure la navigation, particulièrement délicate sur cette route étroite, au profil accidenté, truffée de nids-de-poule et... de plaques de glace : car, comble d'infortune, cette route longe une rivière pourvoyeuse de ces pièges.

La crainte de la chute me hante. J'ai laissé mes forces sous les couvertures, un poumon quelque part vers Châlons-sur-Marne, et chaque « grimpette » est un Izoard. La bise, par rafales, cingle du nord et nous allons plein nord… Je souffre, je me mouche, je sue. Putain de nuit !

Enfin un mur, un porche, enfin Riocourt !

« Laisse-moi là, balbutie Claudine entre ses lèvres roides, derrière son passe-montagne, je finirai à pied. Demain à midi, j'espère, quelqu'un viendra chercher la Mobylette. Moi, je te retrouverai après le repas du soir. »

Sa phrase s'éloigne avec sa silhouette qui disparaît dans l'obscurité en trottinant. Je crois qu'elle sera dans les temps, de justesse.

Amoureux transi mais les muscles chauds, léger, la bise dans le dos, une soirée de gala en perspective, je rentre guilleret, les mains en haut du guidon, et si je ne sifflote pas, c'est à cause du froid, cependant le cœur y est… Pourvu qu'elle soit arrivée à l'heure, pourvu, sinon demain, adieu Claudine !

Lorsque je mets pied à terre, le souvenir de la Mobylette dissimulée derrière l'école me ramène à une bien vilaine réalité et à la question : « Qui a fait le coup ? » Grelottant, je m'enfouis sous des draps glacés et fripés peu propices à une réflexion sereine, somme toute inutile, Claudine m'ayant soufflé la réponse. J'accuse spontanément et tout naturellement mes gosses de ce méchant sabotage qui signe indiscutablement une vengeance, la délinquance et ses exactions gratuites n'étant pas encore d'actualité. Mais alors, que leur ai-je donc fait à ces gamins pour leur inspirer un tel geste ?... En mon temps, certes, j'ai bien crevé les pneus de la vieille B14 de mon curé, le père Marcel, mais pour deux très bonnes raisons : il m'avait giflé en public et, plus encore, il confessait mes petites copines de catéchisme en les asseyant sur ses genoux. Il devait payer...

La fatigue me sauve d'une longue et stérile cogitation et Morphée m'enlace.

Ce sont les piaillements des enfants se rassemblant devant l'école qui me tirent du sommeil.

Dès le début de la matinée, je scrute leurs frimousses pour déceler sur l'une ou l'autre un indice qui pourrait trahir au moins l'un des auteurs du forfait. Rien. Rien que des frimousses innocentes. La matinée s'écoule sans que j'observe sur un seul visage la moindre perturbation, la moindre gêne, le moindre trouble du comportement. Les placides ne bougent toujours pas, les agités gesticulent normalement, les curieux comme d'habitude ouvrent grands leurs yeux et les timides fixent inlassablement leurs cahiers. Tout est en ordre. Ils sont forts, ces gosses ! Bredouille, j'abandonne mes investigations, infécon1des au demeurant, et décide de reporter mes espoirs sur Lucie et, en cas de défaillance de celle-ci, sur Mauricette.

À midi, un barbu d'un certain âge, peu loquace, vient comme convenu récupérer la Motobécane qu'il charge dans une Prairie bien fatiguée.

À la fin du repas de midi, j'attends que les oreilles indiscrètes se soient retirées pour interroger Lucie sans détour, puisque Lucie sait tout.

« Dites-moi, Lucie, qui m'a joué ce sale tour hier soir et surtout pourquoi ?

– Monsieur l'instituteur, répond Lucie cherchant ses mots, est-ce que vous allez demander du sel chez le voisin quand il y en a sur votre table ? »

La parabole, vraisemblablement propre à notre seule Lucie, me paraît très explicite et apporte une explication plausible en ce pays de droits coutumiers. Elle signifie clairement qu'avant de recruter hors du finage de Bricourt je devais d'abord essayer de trouver ici chaussure à mon pied. Une tradition qui n'est pas sans rappeler une anecdote contée plus haut. Si elle est avérée, elle augure mal, à Bricourt, d'une application aisée de la libre circulation des personnes envisagée dans le futur par le Marché commun !

Si cette version ne me donne pas les coupables, elle a le mérite d'exclure les enfants et ne serait-ce que pour cette raison, je m'en satisfais grandement. Lucie conclut avec ce conseil et son inséparable sourire dans les yeux :

« À l'avenir, soyez plus discret. »

Un avenir tout proche.

Claudine arrive à la nuit, en catimini, ayant pris soin de pousser sa Mobylette au point mort sur les cinquante derniers mètres jusque dans la cour où elle sera en sécurité. À quoi bon provoquer ces culs-terreux arriérés !

Pour ces secondes accordailles, j'ai pris le temps de dresser un décor digne de ce que j'en attends. Dans la cheminée, un feu de vieux chêne crépite et rayonne, le Teppaz attend un *Temperamental Blues* envoûtant, une bougie ondule sa flamme dans une pénombre romantique et, sur le rebord de la fenêtre, à défaut de Dom Pérignon, une bouteille de poire rafraîchit. Ce soir est un autre soir. Un grand soir, où l'approche délicieuse retrouvera sa place, où les doigts et les langues auront leur mot à dire, où l'étreinte ne sera pas un délestage d'urgence. Un soir qui durera toute une nuit car le tonton tyrannique s'en est allé jusqu'à dimanche. Ce soir, Claudine et moi ferons connaissance.

Je l'ai rejointe sur le tapis marocain très tape-à-l'œil et de mauvais goût en plein jour mais le bienvenu et de circonstance en cet instant. Lentement, j'égrène de sa robe le long chapelet de boutons qui mène vers une félicité dont je sens poindre les signes précurseurs, la première dizaine à peine entamée.

La danse sensuelle des flammes, caresse érotique et contagieuse, enveloppe nos nudités mêlées peu à peu, animées par leurs frôlements subtils. Puis les doigts et les langues s'enhardissent, explorent, s'insinuent. Alors les corps impatients, indociles, se réveillent et réclament leur dû. Complices, les vagues de chaleur irradiant de l'âtre nous transportent vers un univers de volupté, et la jouissance se prolonge à l'extrême dans un *crescendo* infernal jusqu'à l'insupportable, sans autre issue que d'y mettre fin.

Nous retombons au sol, sur le tapis berbère qui se révèle n'être qu'un rugueux paillasson tant nos coudes, dos et genoux cuisent, égratignés jusqu'au sang et comme passés à la pierre ponce. Groggy, nous laissons filer le temps… Et vient l'heure de la poire, parfaite dans son rôle et à bonne température. Je recharge le feu, et le terre à terre reprend ses droits.

« Sais-tu qui a crevé mes pneus ? » commence Claudine, assise les bras croisés autour des genoux.

J'entends à peine. Moi, je la regarde, je la dévore. Les courbes du bassin, les cuisses longues et fuselées, les seins lourds aux larges aréoles sombres… Je prends mon temps, je me délecte et m'attarde sur son visage où jouent les ombres, un beau visage aux lèvres gourmandes, sur ses yeux noirs et humides au regard profond sous des sourcils arqués que les longs cheveux de jais défaits masquent lorsqu'elle penche la tête. Dans ce clair-obscur mouvant, le portrait me fascine et m'embarque loin… Vermeer… Rembrandt… Je traîne dans mes sens… Elle me rappelle à son souci.

« Non, j'ignore qui a crevé tes pneus, lui dis-je, toujours contemplatif, je sais seulement que ce ne sont pas les enfants. Peut-être s'agit-il de jaloux qui n'acceptent pas ta présence ici. »

Claudine demeure silencieuse, s'éloigne à son tour et se renfrogne. Côte à côte, elle tracassée, moi rêveur, nous sommes à des lieues. Claudine enfin se redresse, les traits à nouveau détendus, se hanche et s'étire, impudique et lascive, offerte aux flammes. Je m'approche, aimanté par la scène et le désir réactivé, mais elle brise mon élan de son seul regard auquel je sais maintenant ne plus pouvoir jamais rien refuser et, câline toutefois, reporte l'échéance :

« Non, s'il te plaît, demain… S'il te plaît… »

Et dans la seconde, elle ajoute :

« Où sont les toilettes ? »…

Les toilettes ! L'eau courante sur l'évier, le feu de cheminée, le tapis de Marrakech, la bougie romantique, la poire Williams, une débauche de raffinement et… pour toutes commodités : un trou dans une planche au fond du jardin !… Je me rapetisse, lui tends la lampe de poche et du pouce lui montre la direction. Pas surprise, Claudine enfile son long pardessus et disparaît, sans tiquer, les sanitaires étant, suis-je bête, les mêmes pour tous. Je respire. N'empêche que le décorum vient d'en prendre un coup. La soirée s'achève dans l'eau froide par les ablutions qui ne nous retardent guère mais se chargent de calmer mes dernières velléités.

Nous nous enlaçons dans l'étroit lit-cage refait à neuf sentant bon le propre et la lavande. Terrassés par le bonheur et surtout une grosse fatigue, nous tombons dans un lourd sommeil.

Dimanche matin. Nous occupons notre grasse matinée en amants ordinaires puis, vers 10 heures, je reconduis Claudine à sa Mobylette. Dans une pétarade et une fumée grise, toutes deux s'en vont. S'en vont !... Je regarde ma plus belle nuit s'éloigner et la suis des yeux jusqu'au pont, puis de l'oreille... Et déjà un vide se creuse... le vide grandit... Un drôle de trouble m'empoigne et je pressens que l'attente de son retour me sera insupportable. Je suis son esclave et ne sais pas même son nom !

Je retrouve ma grande pièce obscure. Claudine ne m'a pas laissé seul. Son parfum musqué, sensuel, flotte, ensorceleur, dans la pénombre encore tiède. Je palpe, je caresse son fantôme. Je finis son verre d'alcool, respire son corps dans les draps humides de sa sueur, m'y enroule. Je déguste ses restes jusqu'à la lie, jusqu'à l'ivresse... Seraient-ce les premiers symptômes psychoaffectifs de ce mal étrange qu'on nomme coup de foudre et qui me crucifie irrésistiblement sur mon séant ? Le coup de foudre, comme son nom l'évoque, se traduit par une atteinte fulgurante du système cardio-cérébral provoquant, en concomitance, des troubles associés d'autres systèmes, tels le neurovégétatif et le digestif. On observe, ai-je entendu dire, des modifications importantes et variables du comportement comme inappétence, apathie, euphorie, voire délire... Bref, le mal est grave, d'autant plus grave qu'il me concerne car le diagnostic, dans mon cas, ne fait plus aucun doute. Une faille dans mes défenses immunitaires et me voilà pris. À ceux qui penseraient que j'exagère, je répondrais qu'ils n'ont certainement jamais été frappés par ce syndrome, qui doit aussi conduire à l'amnésie puisque j'ai failli sauter l'heure du repas. Je me rue chez Lucie, affamé.

D'emblée, je ressens un malaise autour de la table. On ne me parle ni me regarde. Ils ne vont pas, eux non plus, se mêler de mes histoires de cœur ! Fernand mâchouille son mégot tête baissée ; Devieux, muet, frappe nerveusement son couteau sur la table ; Bébert renifle, le nez dans l'assiette ; Pourcier soupire comme d'habitude ; Lucie pince la bouche et ne la desserre pas ; quant à Marcel, il ne daigne pas venir me saluer.

L'immangeable daube aux carottes ne passant décidément pas, je quitte le café sans avoir obtenu la plus petite explication à leur blâme inavoué et me dirige vers la fromagerie, où l'entremetteur Michel, qui assure un dimanche sur trois, doit être présent et avoir des choses à me dire.

« Je t'attendais, entame-t-il en guise de bonjour et en me tutoyant pour la première fois, je vais t'expliquer. »

Apparemment embarrassé, il temporise et continue d'écumer machinalement sa cuve d'emmenthal.

« Alors tu accouches, m'énervé-je, pressentant une grosse embrouille, mais si ce que tu as à me dire devait m'éloigner d'elle, je préfère que tu te taises.

– Je peux me taire, mais quand tu apprendras la vérité, et tu l'apprendras, tu m'en voudras à mort de te l'avoir cachée. Tu dois savoir, même si tu es tombé fou amoureux (ce que je comprends volontiers car, sache-le, on est tous amoureux d'elle). Écoute, Claudine a un gosse de trois ans, jusque-là rien de choquant, mais là où le bât blesse... elle est mariée à un gars du pays... en Algérie depuis six mois. »

Il a dit cela d'une voix monocorde et sans me regarder. J'accuse le choc, superficiellement. Il faut du temps pour comprendre, et surtout admettre, qu'une seule petite phrase puisse déclencher un cataclysme et détruire en un instant tout un univers. D'abord simplement contrarié, puis abasourdi, j'assimile enfin et m'offusque :

« Et tu ne t'es pas interposé... Moi qui croyais que tu t'étais encore fendu d'un miracle !... Tu m'as laissé faire cette saloperie.

– Jeudi soir, répond-il, dépité, vous étiez tous les deux dans un tel état de transe... Vous n'entendiez rien, ne voyiez rien... Deux zombies. Si j'avais imaginé les conséquences de cette rencontre, je t'aurais secoué, évidemment. Mais je me suis dit, cette fille après tout est libre de son corps... Et quel corps, hein ! Mais les copains de son mari ne l'ont pas vu du même œil. Voilà. »

Comme je les comprends ! Et je revois ce terrible spectacle qui me marqua à la libération de mon village un soir de l'année 1945, je revois un défilé de femmes aux crânes rasés, éclairés par les lampes torches des soldats noirs américains hilares... Faisant la haie, une populace en liesse insultait ces « traînées » et leur crachait au visage. Je revois ces « tondues » qui avaient fauté avec le « Boche » tandis que leurs maris souffraient dans les stalags, excepté ceux qui, ouvriers agricoles dans les fermes allemandes, troussaient leurs paysannes de patronnes attendant le retour du front russe de leurs chers époux. L'idée m'a-t-elle effleuré de me blanchir en pensant que celui de Claudine pouvait lui aussi céder aux charmes d'une belle Kabyle rousse aux yeux verts ? Peut-être, dans une seconde de lâcheté. Oui, peut-être.

Je rentre chez moi, libéré conditionnel regagnant sa cellule, profil bas. Le long de la rivière, je croise quelques personnes d'ordinaire affables, mais je crois déceler dans leurs yeux qui me regardent bizarrement reproches et haine. La tête enfouie sous ma honteuse blessure, je passe mon chemin. Sans un mot.

Le salut n'est pas dans ma maison. Claudine y rôde encore. Son parfum... Son parfum s'accroche. On ne se débarrasse pas d'une odeur qu'on respire avec ses tripes. Je m'attarde un instant avec elle, obligé. Encore un peu d'elle, une dernière fois. Je renoue alors que je devrais gifler... Et puis vient l'abattement, une lente dégringolade vers un indéfinissable. Épave ballottée, pas une île, même pas d'horizon. Là, le fort ou le faible, naufragés l'un et l'autre sans bouée, même destin... Alcool, sauve-moi... détruis-moi !... Je trinque à l'alcool de la rédemption, à l'alcool du génie, je trinque à Baudelaire, à Rimbaud, à Verlaine, je trinque à Soutine, je trinque à l'alcool de l'oubli, de la perdition, je trinque aux clochards, je trinque jusqu'à l'absurde, jusqu'à plaider coupable... La nuit...

Réveil en sursaut au petit jour, l'estomac poignardé, des renvois acides, les paupières gonflées, des frissons nerveux, les jambes qui lâchent... Au milieu de cette déchéance, je cherche le maître d'école. Il est l'heure.

Le corps et l'esprit pantelants, désaccordés, je descends le perron comme un automate déréglé. Dans l'air toujours vif, les enfants rassemblés m'attendent, impassibles. Savent-ils ? Bien sûr qu'ils savent... Transition brutale, radicale. Le froid, mes gosses... Le coup de fouet me ressuscite. À la mirabelle, anxiolytique efficace mais aux effets secondaires désastreux, va se substituer un tranquillisant aussi puissant qu'inattendu : les enfants. Hier source de toutes mes angoisses, aujourd'hui stupéfiants régénérateurs. Je m'accrocherai à eux pendant des jours et des jours, et leur consacrerai tout mon temps, toute mon énergie pour qu'il ne me reste rien, que les nuits. Des nuits de trop qui mirent longtemps à ne plus être blanches.

Toujours Claudine.

Du lever au coucher, je redeviens un homme heureux parce que instituteur comblé. La classe va son bonhomme de chemin. Les documents touristiques affluent et les petits drapeaux couvrent la carte. Le passé composé, la table de 7, Charlemagne, le mont Gerbier-de-Jonc, *Le Corbeau et le Renard*, Sidney Bechet et maintenant Georges Brassens n'ont plus de secret pour personne ; trois élèves, enfin, lisent sans suivre la ligne avec le doigt. Perce-neige, violettes et pervenches ne vont pas tarder et la forêt rougira bientôt de jeunes bourgeons.

Claudine s'éloigne.

Mithridate trousse-jupons, en enchaînant déboire sur déboire jusqu'à cette douloureuse infortune de cœur, je ne devrais plus succomber à la tentation, immunisé contre les femmes, toutes les femmes que je vais maintenant maudire. J'ai pour moi des circonstances atténuantes. Naturellement, il ne me vient toujours pas à l'idée de faire le moindre mea-culpa et de mettre en cause, par exemple, les caprices de ma libido de jeune coq.

Beaucoup d'eau passera sous le pont avant que je ne convienne qu'il y a femme et femme, et que celle, digne de ce nom, à laquelle j'aspire n'a pas encore croisé ma route. Dans l'attente, je me résignerai.

L'école donc me soucie moins. J'y ai mes repères, mes recettes et déjà des habitudes. La fin de l'année se profile dans la sérénité. Mais si tout va bien à bord et si nous avons trouvé notre rythme de croisière, ce n'est pas dans le calme plat. Mireille, toujours elle, se charge de faire des vagues sitôt que le vent faiblit, mais, cette fois n'est pas coutume, l'avis de grand frais vient d'une intervention anodine et sans arrière-pensée.

La fin de matinée somnole. Ma dynamique élève, achevant sa récitation – un court poème d'Émile Verhaeren, fort bien dit, car elle excelle en la matière –, conclut en guise de commentaire à sa prestation :

« Plus tard, j'aimerais bien faire du théâtre, mais faudrait que je sois dans une grande ville, hein, m'sieur ?... »

Je reste muet. Sa réflexion, dans un flash, vient éclairer ma lanterne. Elle n'a pas dit ça par hasard, ni du bout des lèvres, mais avec passion dans la voix et des étoiles plein les yeux, déjà sur les planches. Mireille saltimbanque, voilà sa solution ou pour le moins une solution. Comment ai-je pu passer à côté de cette évidence ? Tous les signes étaient là, à ma portée. Combien de fois l'ai-je traitée de comédienne, mais dans le mauvais sens du terme ! Quelle erreur de jugement ! Si cette gamine ne peut raisonnablement ambitionner un avenir professionnel brillant, elle renferme un potentiel qu'elle exprime là où elle le peut et comme elle peut, à l'école, à travers son dynamisme, sa verve acérée, ses mimiques expressives, son exubérance. Ainsi donc, chaque matin, Mireille entre en scène, lève le rideau rouge et, devant son public, joue son personnage.

Le rêve couvait, rongeait sûrement, mais restait secret. Trop utopique pour être confié. Voilà qui pourtant est fait et m'interpelle.

« Je pense que cela t'irait comme un gant, tu en as les aptitudes. Nous en reparlerons », lui dis-je simplement au bout de mon analyse.

Dès lors, et à la suite de Jean-Michel, je me sens investi d'une mission : chercher un moyen pour promouvoir cette vocation artistique, la seule qui se soit manifestée dans le groupe, originalité qui ajoute à l'intérêt. Au cours de l'après-midi, je m'interroge. Sans succès. Et ce n'est qu'à l'instant où nous sortons qu'une idée surgit, me prend de court ; dans la foulée, je la livre à Mireille sans tourner sept fois ma langue dans la bouche :

« Si nous montions une pièce ? »

À peine ai-je achevé ma phrase que je mesure la gravité de ma précipitation. Trop tard – Mireille prend la balle au bond :

« Formidable, m'sieur, ça, c'est une bonne idée ! Mariette, t'as entendu, on va jouer une pièce ! s'enflamme-t-elle.

– Pas si vite, veux-tu, pas si vite. J'ai avancé cette proposition juste pour voir ta réaction. Monter une pièce, sais-tu, n'est pas une mince affaire. Il faut d'abord en trouver une qui s'adapte à des néophytes comme toi et tes camarades, il faut des décors, il faut du temps, du travail, beaucoup de répétitions, bref c'est un défi d'envergure, et les défis se terminent souvent par des échecs. Alors ne te réjouis pas trop tôt. »

Je tente de rectifier le tir, sans conviction car, ayant pris ma « boulette » pour argent comptant, elle ne me lâchera pas d'une semelle.

« Mais si, m'sieur, je suis certaine que vous pouvez le faire. En tout cas, nous, on vous aidera... comme pour la crèche... Pas vrai, vous autres... Et ce qui est dit est dit. »

Les écrits au besoin se gomment mais les paroles du maître ne s'effacent pas. Mireille a refermé le piège que je me suis sottement tendu.

Il me faut faire le point. Je me réfugie près de la cheminée, dans la reposante pénombre de ma chambre. Devant l'obstacle, les tracas et les insomnies prévisibles, moralement diminué par ma dernière mésaventure, la reculade, même au risque de me discréditer, m'apparaît vite comme une sage résolution. Une bonne excuse ? Mon incompétence. Une incompétence que bonne volonté et amour-propre, si forts soient-ils, ne sauraient suppléer. Chacun le comprendra, que diable !...

Mais dehors rien ne va plus, les jeux sont faits. La rumeur est allée bon train. À 18 heures, Bricourt a su qu'un théâtre était né. À 19 heures, Lucie, crédule et généreuse, me prête sa salle. À 19 h 30, alors que nous attaquons les rillettes, Germaine et Mauricette entrent et lancent en chœur, à la stupéfaction générale :

« Paraît qu'vous allez faire un théâtre... Nous deux, on aimerait bien y jouer. »

À 21 heures, je suis au lit avec une mirabelle qui m'aidera à fermer les yeux sur ma reculade, ma lâche reculade... Le pléonasme fait un drôle de bruit dans ma conscience, un bruit d'honneur brisé. Blessé par les éclats de cette voix intérieure, je me cabre et... retourne ma veste. Reculade passa inaperçue mais lâcheté fit mouche. Il s'en fallut de peu que le petit fonctionnaire, frais émoulu de la société civile, ne tombât dans ses bassesses. Je bois ma récompense, une seconde et copieuse mirabelle. Et vive Molière ! Mais le ton n'y est pas, le cœur pas davantage. Comme mon père en 1939, je pars au front, sabre au clair, mettre en pièces les panzers allemands.

Non, je ne rallierai pas juillet en roue libre.

En anticipant le casting, les deux gourgandines m'ouvrent un vantail que je n'aurais peut-être pas poussé. La présence d'adultes dans la distribution symboliserait la participation du village et surtout élargirait l'éventail du choix de la pièce. Les enfants consultés sur le sujet ayant adopté le principe, je confirme le projet sans enthousiasme ni conviction. Je n'y crois toujours pas.

Dès lors, chaque matin, les fesses à peine posées sur le banc, Mireille va me harceler : « Alors, m'sieur, vous avez du nouveau ? » jusqu'à ce qu'enfin je reçoive des mains de Gueutte au nez un recueil comportant de nombreuses pièces et sketches dans lequel je n'ai aucun mal à trouver ma vie.

Pour limiter le risque des trous de mémoire et réduire la part de la direction d'acteurs, je retiens trois saynètes comiques plus ou moins courtes, à deux et trois personnages. Testés en classe le lendemain, je me rassure, les enfants rient de bon cœur et entérinent ma sélection. Reste à trouver les comédiens : deux filles, deux garçons et trois adultes. Spontanément, Mireille et Mariette se portent volontaires. Côté garçons, pas un doigt ne se lève. J'excuse Jean-Michel, déjà très occupé ; pourtant, après avoir interrogé du regard les uns et les autres sans écho, il pose sa candidature, fort déçu que ses camarades aient déclaré forfait. Ce gosse a de la fierté à revendre mais pas d'acquéreur. Son dévouement ne suscitant aucune bonne volonté, je propose à Denis de le rejoindre. Il ne refuse pas et, dans sa moue équivoque, je crois déceler quelque satisfaction ! Les garçons seraient-ils plus compliqués que les filles ?

Le dernier personnage à pourvoir, un homme mûr, se présente le lendemain. M. Chanson, que je rencontre pour la première fois, n'est autre que « le béguin » de Mariette. Curieuse coïncidence ! Censé ignorer leur liaison et sans argument à opposer à ce postulant, piégé, je me vois contraint de l'incorporer dans la troupe. Les soirs de répétitions, quelle aubaine pour ces deux-là ! Mariette, en femme précoce, maîtrise déjà toutes les ficelles de la roublardise.

La troupe au complet, je clôture le recrutement, et en avant toute ! Advienne que pourra !

Commence une belle et captivante épopée qui s'achèvera en juin par un heureux dénouement… pour ce que le souvenir en a gardé. L'envers du décor ressembla plutôt à un parcours d'obstacles que nous passâmes non sans faire du bois.

Les heurts entre fichus caractères, les querelles sur les horaires, l'amnésie itérative de Germaine, une Mauricette chahuteuse et indisciplinée, l'effronterie et les sautes d'humeur de Mireille, Mariette et son regard gênant penché vers les braguettes, Denis boudeur et ses absences répétées… Il fallut compter avec cette kyrielle de tracasseries que je mis du temps à maîtriser, bien aidé en cela par un Chanson irréprochable. Un point noir persista jusqu'au dernier jour : Germaine. Germaine qui ne sut son rôle qu'au lever de rideau, alors que son texte ne dépassait pas cinq minutes ! À l'en croire, à Bricourt, la mémoire défaillirait dès la cinquantaine.

« Vous verrez quand vous aurez mon âge ! » répéta-t-elle pendant trois mois.

Mes premiers cheveux blancs datent de cette époque.

La paix régna quand, en situation, les comédiens commencèrent à se donner la réplique. Tour à tour acteur sur le gril et spectateur critique, chacun comprit qu'il avait besoin de l'autre. L'esprit d'équipe existait enfin. Mais que les premières répétitions furent usantes, décourageantes ! Déjà peu motivé et le moral à morte-eau, l'envie d'abdiquer me tenta plus d'une fois. Il a suffi de ce petit coup de pouce, nécessaire et suffisant, pour me redonner des ailes et j'abandonnai toute velléité de rendre mon tablier.

Depuis 16 heures ce dimanche après-midi, un bon quart du village se trémousse sur le parquet de la grande salle de danse du café où cinq ou six mordus du musette sont venus des pays voisins grossir les rangs. Tangos, valses et marches se succèdent à une cadence effrénée. Il faut mettre les bouchées doubles car le phono s'arrête à 20 heures et la prochaine matinée dansante n'est pas programmée de sitôt. Deux bonnes raisons pour gambiller jusqu'à l'épuisement.

Tous les gosses participent à la fête. Les petits, infatigables, courant, se chamaillant, sautant, bousculant les couples, se font sévèrement houspiller, surtout pendant les slows, quand les ventres aux abois se serrent davantage. Les grands monopolisent les bancs ceinturant la piste, de longs bancs de bois lustré où se collent les papiers de bonbons acidulés qui, immanquablement, finissent la soirée sur les croupes « ensatinées » des dames et font bien rire. Aux premiers coups de trompette annonçant le paso doble, danse initiatique très attendue, tous les gamins et gamines aux aguets s'élancent du *calléjon* vers l'arène et, dandins, tentent d'apprivoiser ce rythme basique endiablé. Se servant, comme d'un balancier, de leurs bras tendus à l'horizontale, ils parcourent allégrement et aveuglément le parquet en tous sens, se frayant sans ménagement un chemin aléatoire.

Germaine a sorti le corset des grands jours pour y enfouir ses bourrelets. Buste et abdomen garrottés ne concédant à sa respiration qu'un mince filet d'air, elle s'époumone vite et demande grâce sans même attendre la fin de la reprise, vannée. L'important, pour Germaine, est de figurer.

M. Villedieu, le valseur de service qui vient d'ailleurs, tient la vedette. Cet ex-danseur mondain, d'une grande distinction et d'âge respectable, se permet de passer en revue toute la gent féminine ravie et honorée de tournoyer entre ses bras ; quand, dans le large échantillonnage des cavalières potentielles, il trouve celle qui lui donne une réplique à sa mesure, le couple, alors en parfaite harmonie, se lance seul en piste pour un numéro chorégraphique fort applaudi.

Dans l'atmosphère fétide et enfumée par « le gris que l'on roule », les femmes fleurent bon la sueur aigre et chaude, réactivée à chaque « moitié ». Parfois, en fin de matinée, un relent de violette ou d'œillet, émanant d'on ne sait quelles aisselles, parvient une fraction de seconde à prendre le dessus. Une attention bienvenue qui s'apprécie.

Sur la table de la buvette recouverte de papier crépon jaune et jouxtant le tourne-disque, le gros rouge côtoie le diabolo menthe et le lait grenadine. On s'en contente.

Pour ce qui est de la toilette du dimanche de ces dames, nous sommes loin du Bal des Débutantes. Des fleurs, beaucoup de fleurs, petites et grandes, habillent ce parterre de danseuses sans réussir à les égayer. Attristantes, ces robes en taffetas et rayonne mi-longues, droites ou plissées, à la coupe simpliste et uniforme qui se collent entre les fesses humides des valseuses quand celles-ci quittent le banc. Alors vite des mains charitables se précipitent et remettent de l'ordre dans ces accoutrements grotesques. Il y a bien ces trois coquettes, des dévergondées, qui osent un timide décolleté puis, une fois excitées, croisent un peu haut les jambes pour dévoiler, comble de l'érotisme, deux doigts de cuisse laiteuse. Une hardiesse provocatrice qui fait froncer le sourcil aux grincheuses et converger tous les regards mâles. Un rien choque ou émoustille.

Dans la chaleur moite, le tohu-bohu, les odeurs fortes et les rires gras, le bonheur fait recette. On est là pour se défouler, s'amuser, se changer la vie, pour regarder les autres, pour surveiller la cadette. On est là aussi pour trouver l'âme sœur. Où donc la dénicher sinon ici ? Pas dans les champs, ni à l'étable. Combien d'idylles se nouèrent sous ces guirlandes de petites ampoules multicolores, sur ce plancher ciré, bancal et grinçant, au son nasillard du vieux pick-up ? On s'acoquine au vu et au su de la galerie, et peu importe qu'on jase. Le petit bal du dimanche est aussi un pince-fesses.

J'arrive un peu avant que Lucie n'arrête le phono pour assurer ma place à la table qui sera prise d'assaut à la sortie du bal par les habitués de l'apéritif de groupe. M. Pourcier m'a devancé et, toujours le menton dans la main, meuble le temps par ses soupirs exaspérants. Derrière la porte de communication, on discute ferme. De violents éclats de voix... Une femme crie, un homme jure. L'accordéon se tait. Lucie surgit dans le café :

« Ah ! vous êtes là, monsieur l'instituteur, venez vite, le "Branque" sème la panique... Comme d'habitude, il cherche la bagarre. »

Je connais l'énergumène sans l'avoir jamais vu. C'est une sorte de caïd local qui, après avoir copieusement bu, assisté de deux ou trois copains aussi vulgaires et décérébrés que lui, cherche noise aux danseurs. Ses insuccès répétés auprès des filles l'ont conduit à se recycler dans la violence. La terreur des lieux, qui n'est jamais tombée sur un bec, écume à plaisir les petites sauteries du canton ; ni les sermons ni les menaces des gendarmes n'ont pu le ramener à la raison, vu qu'il n'en a pas. « Un séjour dans les djebels lui ferait le plus grand bien », se disent ceux dont les fils en décousent avec le fellaga. Fonction, réputation, solidarité, quoi d'autre encore ? Je ne sais pas, mais quelque chose m'oblige à y aller. Alors, répondant à l'invitation de Lucie, Zorro se lève de sa chaise, mais un Zorro peu convaincu que son intervention aura quelque effet apaisant sur cette brute avinée. Un Zorro pas spécialement enchanté de devoir l'affronter... Le gaillard déboule sur les talons de Lucie, tel un belluaire dans l'arène. N'ayant pas eu le temps de trouver un sujet de conversation, comme un roquet apeuré mord, je le cueille d'un atémi sec au larynx, vilain coup des plus efficaces mais fortement déconseillé en temps de paix. À ma décharge, ma condition physique du moment ne me permet pas de lui proposer courtoisement une rencontre à la régulière. J'ai fait selon mes moyens. Ainsi, la leçon de morale envisagée par les naïfs ou le combat singulier espéré par les amateurs d'émotions fortes n'auront pas lieu. Il s'écroule sur les genoux, bouche ouverte, l'œil exorbité et les mains croisées sur le collet. Restent ses deux sbires dans l'encadrement de la porte, deux poltrons médusés. Sans mot dire, ils s'emparent de leur pantin de mentor et le traînent à l'extérieur, tandis que je tremble sur mes appuis en regardant glisser à mes pieds l'armoire à glace inerte. Et ma peur passa pour du courage !

Le voyou débarrassa le plancher définitivement et mon piédestal prit de la hauteur. Mon orgueil aussi.

Dans nos campagnes, le respect se gagnait aussi comme cela.

Je savoure mon coup d'éclat, non sans m'inquiéter de la tournure que prend mon rôle de maître d'école, métier périlleux dans ce diable de village. Exposés aux regards toujours braqués, mes écarts, mes méthodes se voient sanctionnés sans indulgence. Victime de fredaines *a priori* anodines mais à terme coupables, miraculé de la jalousie, discrédité à l'académie, et aujourd'hui videur de bal musette... Un palmarès qui me marginalise quant à l'idée que d'aucuns se font de mon honorable profession. Ce que pensent les autres, par principe et en général, m'importe peu, mais je commence à penser comme les autres.

Rentré dans ma tanière à une heure avancée de la nuit, je me promets de refermer l'éventail de mes tribulations et d'enfiler, dès demain, une paire de charentaises, pantoufles confortables, dans lesquelles on range ordinairement les pères tranquilles discrets et sans histoires.

Je m'octroie une longue récréation de tout un jeudi et m'installe tôt devant mon chevalet où une toile inachevée attend mon bon vouloir. Je l'ai délaissée au profit des répétitions, dont j'ai augmenté la fréquence à cause de Germaine. La mémoire, dit-on, se cultive et notre Germaine m'a confié hier, pour expliquer ses difficultés, que le dernier effort de mémoire qu'elle ait fait remonte au *Loup et l'Agneau,* dans les années 1920 ! Consciente de son handicap, elle s'accroche et persévère courageusement, portée par une espèce de passion qui, au fond de ses tripes, attendait son heure. Les pieds dans le purin et la tête dans les étoiles, elle m'épate, Germaine. Mais elle m'use.

Je finis d'essorer les pinceaux sortis de la térébenthine lorsque quelqu'un se manifeste à la porte. Un intrus venant d'ailleurs, supposé-je, les gens du village ayant pris la bonne habitude de me laisser en paix le jeudi et le dimanche. Ils me rencontrent, quand ils le souhaitent, à la sortie de l'école, exceptionnellement chez Lucie, ma résidence secondaire.

L'intrus ? Un camarade de l'école militaire se tient en haut de l'escalier accompagné d'une charmante jeune femme, et c'est elle qui me surprend car ce copain, il n'y a pas si longtemps, aurait bien aimé être « ma copine » ! Pierre-Marie, grand et beau blond aux yeux bleus rêveurs, reste dans mes souvenirs cet adolescent à l'air ambivalent qui, comme une minorité d'entre nous, à cette période trouble, sexuellement entre chien et loup, manifesta une tendre inclination pour son voisin de chambrée. Des soirs d'émotions étranges ressortent du passé… Lorsque, en début de nuit, il s'approchait de mon lit et tentait de timides attouchements, je le repoussais, mais, je le confesse, sans grande fermeté. Je ne perdis jamais pied, bien qu'ému par la douceur de ses caresses ébauchées et son regard câlin. J'avais au pays une petite amie dont l'évocation chaque soir m'aida à contenir les avances de Pierre-Marie. Qui sait si, sans elle… ? Peut-être tenta-t-il sa chance ailleurs mais sans franchir le pas décisif, un pas fatal dans ce milieu rigide et obtus où l'homosexualité représentait le pire des dangers, la pire des perversités, une faute d'une gravité extrême qui justifiait le conseil de discipline et l'exclusion irrémédiable de l'élève. Le « pédé » salissait l'uniforme et le drapeau ! L'étiquette dont l'affublait à sa sortie l'autorité militaire, et qui allait le suivre, pesait lourd et compromettait l'avenir de ce garçon qui, l'espace d'une poussée hormonale, n'avait fait que céder à celle-ci.

Coupés de l'extérieur trois mois durant, confinés dans une atmosphère stressante, oppressante, sans fantaisie, nous réunissions toutes les conditions propices à ce qui peut être vu comme des dérives, mais qui demeurèrent éphémères, sans lien aucun avec l'homosexualité déclarée, que je ne peux m'empêcher de considérer comme une malheureuse erreur de la nature. Cette analyse nous échappait mais échappait surtout à notre encadrement, ces militaires étroits que les pages caustiques de Courteline caricaturent si bien.

Je comprends donc instantanément l'objet de la visite de Pierre-Marie, qui n'a pas hésité à faire deux cents kilomètres dans une vieille camionnette pour me présenter une femme. La femme qui le dédouane. Il me serre très fort et son étreinte virile appuie sa démarche. Libéré de son boulet, en règle avec moi, il peut aller tranquille.

Le dimanche matin, les femmes, pimpantes, se retrouvent à l'église et les hommes au café dans leurs braies de tous les jours. Ils ont curé l'étable de bonne heure et la traite les mobilisera à nouveau en fin d'après-midi, alors à quoi bon sortir le beau costume de drap gris ? Un unique costume qui ne quitte la naphtaline que pour les grandes occasions. Un costume acheté la veille du mariage à La Ville de Roubaix et qui durera toute une vie et plus, sans se défraîchir ni se démoder, et quand bien même... Ne pas gaspiller, économiser sont les mamelles de l'existence du paysan dont il ne saurait s'affranchir puisqu'il en vit.

La femme du paysan pratique pour le couple par délégation et semble ainsi seule digne de foi. À moins que cette courte escapade dominicale ne lui serve de prétexte pour retrouver, l'espace d'une messe, sa féminité sacrifiée quotidiennement à la basse-cour et à l'écurie.

Les enfants qui n'ont pas encore fait leur communion accompagnent la mère, à l'exception des plus jeunes, turbulents et chahuteurs, qui troubleraient l'ordre et le recueillement dans le lieu saint. Ceux-là suivent naturellement le père au café qui, pendant une heure devant sa chopine, refait le monde, un tout petit monde : le sien. Les enfants en prennent de la graine.

Moi, en attendant midi, je flâne dans les ruelles de terre battue, sauf les jours ou lendemains de pluie qui les rendent impraticables en souliers bas. Je longe le lavoir, là où les brosses en chiendent et les langues s'agitent, point de rencontre et surtout point de départ de toutes les rumeurs, forum où les dames, à huis clos, vous taillent en pièces. Ce matin, deux impies, en pleine copulation verbale, échangent leur venin et, un gros savon de Marseille à la main, s'acharnent hargneusement sur les absentes et la lessive de la semaine. La malice doit donner du cœur à l'ouvrage ! Je les entends longtemps s'égosiller, leur voix enfreignant le huis clos, avec des mots fielleux qu'exagère encore et porte loin l'écho des hautes et belles arcades de pierre. Tout à l'heure, délestées du poids de leur rancœur, elles regagneront la ferme, bassine sur la hanche, guillerettes et l'âme légère.

Souvent, je rencontre des vieux, des oubliés, ceux qui boudent le café et l'église où ils n'ont jamais trouvé leur compte, ceux aussi qui, butés, entretiennent leur rancune consécutive à de très vieilles fâcheries qu'ils se repassent de génération en génération. Assis sur un banc de pierre, immobiles et silencieux, ils restent le nez au vent, ressassant leurs pensées amères.

Je passe devant la ferme d'Auguste. « Ferme » est une hyperbole pour désigner sa maisonnette à demi délabrée, ainsi que les quelques ares attenants qu'il s'est réservés, et qu'il exploite toujours malgré son grand âge et ses reins cassés. Auguste, paysan à part entière, entend bien le rester et mourir les mains sur la houe. Attiré par des couinements aigus et répétés, je me permets de pousser la porte en bois de ce qui ressemble à la porcherie et dont la bâcle a été retirée. Auguste, agenouillé dans le lisier, prête main-forte à une énorme truie en train de mettre bas. Il m'aperçoit et, respectueux de ma fonction, prend la peine de se dresser pour me tendre une main gluante, dégoulinante de liquide amniotique.

« B'jour, m'sieur, pas faignante ma treue, hein ! »

J'entends sa voix pour la première fois. Beurk ! Je ne lui tends que deux doigts et sors sans attendre la fin des expulsions.

J'eus l'occasion, un peu avant Pâques, d'assister à un de ses petits déjeuners que, ce jour-là, il prit tardivement. Accoudé au-dessus d'un bol imposant de chicorée au lait, il releva sa casquette et gratta sa tignasse grise emmêlée. Une pluie blanchâtre et dense de pellicules tomba dans le bol. Étonné par le phénomène, il refit le geste :

« R'gardez, m'sieur l'instrusiou… on dirait d'la farine ! » s'exclama-t-il en continuant de saupoudrer allégrement son saladier de chicorée fumante.

Et, tel le raton laveur, il y trempa une large tartine de pain bis rassis, couverte de saindoux.

Sa pauvre femme s'était réveillée, un matin d'hiver, hémiplégique, victime d'une attaque cérébrale et n'avait plus quitté son lit, dorlotée jusqu'au bout par un Auguste attentionné. Le père Baron lui rendait régulièrement visite, bien qu'elle ne fréquentât plus l'église depuis fort longtemps. Il se gardait bien de poser ses sabots avant d'entrer, de crainte de salir ses babouches, sur le sol moquetté de crasse, Auguste ne s'abaissant pas aux tâches ménagères qu'il considérait comme spécifiquement féminines. Un jour qu'il effectuait sa tournée de courtoisie, le curé vit Auguste sur le pas de la porte et questionna :

« Alors, Auguste, comment va Marie aujourd'hui ?

– Aujourd'hui, la Marie, elle va pas fort, elle est morte c'te nuit ! » répondit Auguste, le visage fermé et se tenant devant l'entrée pour en condamner l'accès.

Le père Baron rebroussa chemin. Une extrême-onction lui était passée sous le nez.

Auguste se réfugia dans le silence et la solitude, puis traîna sa peine sans qu'il y parût jamais. Et pour cause, Gueutte au nez fut désormais son seul visiteur qui, toutefois, ne poussa pas le dévouement jusqu'à accepter d'entrer.

À deux pas, la Marthe vit seule elle aussi, mais depuis longtemps et de pas grand-chose : de la retraite des vieux et de fromages qu'elle vend aux uns et aux autres, à Lucie par exemple. Si je me rends chez elle, c'est parce que je suis curieux et que je voudrais essayer de percer le secret de fabrication de ses fromages affinés à la langroise, dont la réputation a dépassé le village. Je les ai goûtés et je sais de quoi je parle. Marthe m'accueille sans méfiance et je comprends tout. Je comprends pourquoi ses fromages ne ressemblent en rien à ceux de ma grand-mère, ni par le goût, ni par la couleur. Sortie de la forme, la petite tome prend de la consistance et, deux fois par semaine, Marthe la lave à l'eau salée, la retourne et la dépose dans le garde-manger à l'abri de la lumière et (si possible) des mouches. Jusque-là, rien d'innovant. La belle pâte se colore d'abord d'une jolie teinte ventre-de-biche puis, au fil des jours, devient grisâtre, de plus en plus grisâtre, comme les mains de Marthe que pourtant elle nettoie consciencieusement chaque soir... dans l'eau grasse de la vaisselle... Voilà tout ! Il est des secrets qui devraient le rester.

Je descends vers la rivière. Les hauts murs de soutènement au fruit plus prononcé que nécessaire et à l'agencement cyclopéen de moellons moussus et parcourus de lierre évoquent quelque fortification méditerranéenne. Il aurait tout, ce large ruisseau, pour offrir charme et romantisme, s'il ne charriait sur ses eaux douteuses et puantes quantité de détritus qui s'accrochent aux bajoyers du pont. Tout-à-l'égout à ciel ouvert pour les riverains, il accueille la faune qui va avec : de beaux rats anthracite, gaillards et pas farouches, qu'aucun matou, coupé ou non, n'ose affronter. Ils hantent les rives en toute impunité et font partie du décor.

Tout le long de la rivière, les fermes se succèdent côte à côte avec leurs façades mutilées, qui perdent des pans entiers d'un crépi vieux d'un siècle ou deux. Ces larges plaies laissent apparaître des alignements de pierres sèches d'une rare perfection, œuvres de Compagnons du devoir que l'on admire aujourd'hui à défaut de pouvoir les reproduire.

Les blessures du temps saccagent ces grandes bâtisses à l'aspect misérable, au désespoir du fermier incapable financièrement de stopper ces dégradations. Murs d'enceinte et dépendances, vierges d'enduit, présentent une bien meilleure mine, malheureusement pour ces dernières, souvent désaffectées, la ruine ne saurait tarder.

Devant, côté cour, trône ostensiblement le tas de fumier, fierté du paysan, signe extérieur de sa richesse : son cheptel. Une rigole draine vers la fosse le purin brunâtre, fumure naturelle qui engraisse les prés pour pas un sou. L'odeur forte, mais coutumière, n'incommode personne ; un jour pourtant il fut décrété que ce fumier et ses effluves portaient atteinte aux règles d'hygiène administrative et on dut le dissimuler. Les haut-le-cœur des touristes parisiens eurent gain de cause et le fumier passa côté jardin. Prodrome de la disgrâce de notre paysannerie et de son aliénation.

Les fermes me rassurent. Même la plus humble me donne une impression d'opulence sécurisante, si peu que son modeste troupeau offre des croupes rebondies et des pis bien remplis. Le livre de comptes, lui, quand il existe, n'a pas la même impression et traduit l'impitoyable réalité. Le paysan vit dans la précarité. Mais qu'importe, à aucun prix il n'échangerait sa peau contre la mienne. Non, il n'envie pas la peau d'un fonctionnaire à l'emploi garanti, au traitement assuré quel que soit le temps, quelle que soit sa compétence ou sa conscience professionnelle, avec de longs congés payés et, pour finir, une bonne et précoce retraite... Non seulement il ne l'envie pas, ce fonctionnaire, mais il le plaint. Un tel homme mérite le respect. Cependant, il ne serait pas fâché si un ou deux de ses enfants pensaient autrement...

Avant de rentrer, je fais le détour par chez Fernand, qui doit tailler sa vigne. Pour gagner l'arrière de la ferme, je rase les murs afin de contourner tant bien que mal le bourbier de la cour, dans lequel les poules ont quartier libre, je longe le potager en partie bêché, en attente de pommes de terre, puis traverse le verger, où dominent essentiellement les pommiers et les cerisiers, dont les troncs blanchis au lait de chaux évoquent de longues jambes d'élégantes affublées de bas à varices. Enfin j'arrive aux six rangs de vigne, une vigne si haute qu'on la croirait sur hautains.

« C'est pour qu'elle gèle moins. En plus, j'ai pas à m'baisser... Quand même, c'est pas d'tout r'pos ! » explique Fernand. Beaucoup d'efforts en effet pour, en fin de cuvaison, une piquette violacée et aigrelette qui ne dépasse pas neuf degrés les années chaudes mais qui est pourtant irremplaçable parce que tellement gouleyante et désaltérante en pleine moisson. Quand le soleil brûle les épaules, quand la sueur ruisselle, quand la gorge s'assèche dans la poussière d'éteules, quel délicieux plaisir de grand buveur que de descendre à la régalade ces bouteilles fraîches enveloppées dans des linges humides au fond d'un panier en osier enfoui à l'ombre de la haie !

Plus attaché à la quantité qu'à la qualité qu'il sait ne jamais obtenir, Fernand taille long les baguettes. Il fait dans le rendement, sans scrupule. Car contrairement à Jean-Jean, il porte avec lucidité un jugement sévère sur sa « boisson » et pour cette raison il ne m'en offrit jamais. Je lui en sus gré. Mais jamais Fernand ne dénigra sa vigne. Nuance.

Faire son vin dans des régions au climat et au sol inadaptés répondait à un impératif quand les transports n'existaient pas. Aujourd'hui, ce n'est que par habitude, par tradition ou respect des ancêtres que ce paysan conserve cette vigne ingrate et continue à s'éreinter entre ses rangs. Pas seulement. À travers ses mots simples mais qui en parlent si bien, on perçoit un lien plus puissant encore qui les unit, un lien affectif. Ainsi pour Fernand, la vigne n'est pas un bien agricole comme un autre. En l'arrachant, ce que voudrait la logique, il s'arracherait le cœur. Cet attachement profond justifie sa peine.

Il me suit chez Lucie où c'est jour de potée.

Pâques. Les cloches s'envolent vers Rome pour y chercher des œufs, moi vers mon village pour y « téter ma goutte ». Éloigné du giron de la mère dès l'âge de onze ans, je m'agrippe à mon cordon ombilical qui reste à couper comme le proposent les psychologues. Et pourquoi donc le couperais-je ? Ce cordon perfuse les ingrédients de l'identité qui tissent le fil rouge de l'existence et garde les racines à portée de cœur. Dans ce creuset familial auquel je dois les valeurs qui m'ont construit, je retrouve mes marques. Puisque enfin libre et dégagé de sa tutelle, j'y passe, donne, prends et repars sans laisser de plumes, tout neuf, le long de mon fil rouge, ma corde de rappel quand je m'égare.

Après de nombreux mois de gymnastique cérébrale, exercice quotidien harassant pour comprendre les codes d'accès à la classe unique, un retour au cours élémentaire parental se savoure. Je déguste ces quinze jours par petites lampées chez oncles, tantes, parents et grands-parents : la famille. Le refuge qu'on regagne enfin au bout d'une longue course épuisante dans les Écrins… chaussures délacées, les épaules légères délestées du sac, le cerveau délicieusement vide.

Je profite de ce séjour pour rendre visite à mon vieux maître d'école qui a posé ses craies et coule une paisible retraite là où il a donné sa dernière leçon. Il remonte le phono et j'ai droit au récit de sa longue carrière émaillé d'anecdotes truculentes. Ce pour quoi, soyons honnête, je suis venu le voir. Étonné par les réflexions amusantes et déroutantes de mes élèves, j'ai commencé un recueil que je me propose d'enrichir avec les souvenirs de collègues au hasard de leurs rencontres. Le premier, M. Guyot, que j'espérais riche d'exemples, n'a en fait retenu que les bourdes les plus monumentales et son sottisier me laisse sur ma faim. Les perles de mes gosses, dont je lui offre un échantillon, l'amusent et lui font dire que les enfants d'hier et d'aujourd'hui ont le même regard curieux et naïf sur le monde... Parce que, tout simplement celui-ci, depuis une douzaine d'années, n'a pas fondamentalement changé.

Je choisis des extraits du florilège de Didier, mon cancre préféré par ce qu'il montre de son talent d'amuseur malgré lui à travers ses interventions aussi fréquentes que déconcertantes. Par exemple, il retint que la Bastille, « c'était là où qu'le roi foutait ceux qu'il pouvait pas blairer ». Peu académique mais essentiel. L'idée, sans rapport avec la leçon du jour, lui venant par hasard, il me demanda à brûle-pourpoint :

« M'sieur, m'sieur, c'est quoi déjà l'caillou qu'a d'la viande dedans ? »

Comme nous avions parlé une semaine auparavant des mollusques, crustacés et autre faune marine, l'huître me sembla la bonne réponse ainsi qu'à une moitié de la classe qui répondit en chœur avant moi.

Dans la même veine, lors d'une révision des points cardinaux, je questionnai à la cantonade :

« Le soleil se lève... ?

– Derrière le château », répondit Didier du tac au tac.

Plus souvent dehors qu'au chaud, il débuta un rhume à l'automne, qu'il entretint tout l'hiver. L'entendant renifler en permanence, excédé, je lui fis la remarque :

« Arrête de renifler et mouche-toi.

– Mais c'est pareil, m'sieur, j'me mouche mais à l'envers et ça n'use pas d'mouchoir ! »

La source inépuisable de ses réflexions désopilantes mais aussi pleines de bon sens alimentera jusqu'en juin ce que j'appellerai « Recueil de bons mots » et non plus « Bêtisier ».

La mer, parce que inaccessible, à l'autre bout du monde, ne préoccupait pas Didier, pas plus que les déserts, la banquise ou la forêt vierge. Sa curiosité se suffisait de Bricourt. N'ayant pas encore aperçu la moindre fine de claire, son oubli s'expliquait d'autant plus qu'il fonctionnait à partir du concret et rien que du concret. L'image abstraite de l'huître lui échappera tant qu'il n'en verra pas une dans son assiette.

Quant au soleil, son réveille-matin, il l'associait à son petit univers, son environnement proche, celui qu'il pouvait physiquement appréhender. Ça lui suffisait et lui suffirait toujours car, sans doute, son savoir se bornerait à son territoire exigu, avec son mode d'emploi spécifique, et tiendrait dans un compendium de quelques lignes.

Au cours d'une de mes balades dominicales, je le vis pénétrer dans l'étable et lui emboîtai le pas. Une vache mettait bas ; je prenais l'affaire en route : la tête et deux pattes du veau pendaient, ballottées par les efforts et les mouvements de la mère. Didier, mains dans les poches, observait, attentif, ce spectacle impressionnant. Bien que j'eusse déjà assisté à cette scène, je n'en fus pas moins éberlué. Lui pas.

« Crois-tu qu'elle souffre ? l'interrogeai-je, étonné par son impassibilité.

– Sûrement pas ! me rétorqua-t-il sans se retourner pour ne pas perdre une bouchée. Les femmes oui, à cause d'Adam et Ève, surtout Ève, mais pas les vaches. Elles n'ont rien fait d'mal, les vaches. L'bon Dieu peut pas les punir aussi. »

Je suivis le vêlage jusqu'à son terme et même au-delà, fasciné ; mais aussi, ébahi par la découverte que je faisais de la face cachée du Didier naïf, du benêt de service. Je découvrais un Didier vrai paysan, dans le cœur et dans l'âme, achevé à onze ans, prêt pour le décoffrage.

Le petit taureau fauve et blanc, au front ourlé, tenta de se dresser, moment extraordinaire et émouvant qui fit enfin perdre à Didier son bel aplomb mais pas son humour.

« On dirait Bébert un samedi soir ! » dit-il en ricanant jaune, tendu, rendu inquiet par le suspens que réserve cet instant crucial.

Après plusieurs essais infructueux, le petit animal se mit enfin sur ses trop longues pattes poisseuses : le regard fixe, il riva ses quatre sabots au sol, tangua un instant et acheva sa mise au point par un demi-tour qui lui donna confiance. Définitivement. Alors la mère, rassurée, le prit en charge pour sa première toilette.

En quittant Didier et sa conception de la douleur, je me demandai si le curé et moi ne devions pas accorder nos violons sur quelques points ; en effet, nos approches respectives de la nature, de l'homme et de son passé, souvent contradictoires, pouvaient causer aux enfants des traumatismes culturels. Et Dieu sait que les occasions ne manquent pas, sa Genèse et la mienne se rencontrant rarement. Je pensais, entre autres, en décidant cette démarche, à sa dernière initiative, qui me valut un flot de questions et me mit dans l'embarras : Jonas et la baleine. Je crus d'abord que le père Baron s'était pris les pieds dans le tapis avec ce conte biblique au programme de sa catéchèse. Que nenni. Rompu à ce type d'exercice, il se tira d'affaire avec aisance. Il n'invoqua pas l'hypothèse d'une espèce de cétacé aujourd'hui disparue, pirouette facile que j'eusse au besoin cautionnée, ni même le symbole qui cloue le bec aux athées raisonneurs. En fin stratège de la pédagogie, il joua sur l'éternelle histoire d'amour qu'entretiennent les enfants avec le merveilleux, qui fait avaler toutes les couleuvres et passe comme une lettre à la poste. « On n'attrape pas les mouches avec du vinaigre », voilà ce qu'en substance je décelai à travers les explications que me donna l'habile catéchiste. La Genèse de M. le curé mérite bien sa majuscule.

(Tandis que je raconte sur un ton badin cette anecdote, M. Guyot sourit, l'ayant vécu maintes fois à l'identique.)

Je reviens à Didier pour un de ses morceaux de bravoure qui me laissa une empreinte. Un vendredi matin, il se présenta avec à la main une pierre plate et, la posant sur le bureau me dit :

« M'sieur, c'est quoi, c'te pierre ? Elle ressemble pas aux autres. »

Fichtre oui, cette pierre ne ressemblait en rien à celles qui jonchent les champs – ces pierres de calcaire blanc, de toutes formes, de toutes dimensions, que les paysans ramassent et entassent à la lisière pour combler, à l'occasion, les chemins ravinés ou servir de limites. Didier, chaque jour, sort de l'école, file rejoindre son père où qu'il soit et ne quitte plus ses basques. Ce jeudi, ils avaient préparé un champ pour les semis de printemps. Dans cet immense tapis de cailloux enrobés de glaise jaunâtre qu'il foulait derrière la charrue, son œil aiguisé en repéra un, un seul, qui l'intrigua. Et pour cause. Débarrassé de sa gangue de terre, lavé, brossé, astiqué, aussi propre qu'un objet rare dans une vitrine du musée de l'Homme, je reconnus un racloir, peut-être une hache en silex du paléolithique. Je la contemplai longuement avec émotion et respect, non pour ce qu'elle représentait, mais pour Didier et son intuition exceptionnelle. Didier sentait les choses à défaut de les connaître, un don rare qui fait que les élus qui en sont dotés savent avant ceux qui cherchent. N'est-ce pas là la connaissance la plus enviable ? Sûre comme celle qui naît de l'empirisme. Celle qui, de toute façon, guidera efficacement ses sabots. Et moi qui lui propose chaque jour avec acharnement de conquérir l'inutile, j'ai bonne mine ! Pour le seul Didier, je laisserai le soleil se lever derrière le château. La moindre des choses.

Incompétent pour dater rigoureusement l'outil de notre *Homo erectus* d'ancêtre, et sans document à ma disposition, je le confiai au père Baron, féru d'anthropologie et d'archéologie. Catégorique, en un clin d'œil, il estima ce biface de l'acheuléen à plus de cent cinquante mille ans. Pourtant, elle ne les faisait pas ses cent cinquante mille ans. Et pour cause… Récemment, je l'ai montrée à un paléontologue, élève du célèbre Henry de Lumley, directeur du musée de l'Homme, qui lui donna tout au plus trente mille ans. Malgré mes doutes, je fus déçu, sottement déçu, j'en conviens, la valeur que je lui attribue étant sans rapport avec son âge.

Ainsi le père Baron avait péché par optimisme. Ce que, bien volontiers, je lui pardonne.

Je rendis le précieux objet à Didier qui, spontanément, me l'offrit, ayant certainement jugé que je lui attachais plus intérêt que lui-même. Je garderai toujours à portée de vue « c'te pierre », souvenir d'une leçon d'humilité que me donna, un vendredi matin, ce petit savant des choses qui ne s'enseignent pas.

Le temps des décisions

À MON RETOUR, je trouve empilés contre le mur de la maison douze stères de bois, produit de mon affouage, privilège dont je bénéficie comme tout foyer bricourtois, une vieille pratique qui relève plus de la solidarité coutumière que du droit. Le travail est signé Albert, l'employé communal hépatique, car les hautes piles ondulent et penchent dangereusement côté rue, ce qui va m'obliger à désigner au plus vite des volontaires pour m'aider à les stocker côté jardin et à les abriter de la pluie. Au pied du parallélépipède très quelconque de bois branlant, les enfants récupéreront quatre cadavres de canettes de bière : Albert doit filer un mauvais coton, lui qui ne voit que par le vin et le pastis. Lucie confirmera en effet la lente agonie de son foie.

Je redécouvre mon jardin entre ses quatre murs décrépis que la vigne vierge et maintenant le lierre dévorent tout en les embellissant. Aller « au petit coin », les grands froids oubliés, devient une partie de plaisir. Il y a moins d'un mois, traverser ce *no man's land* couvert de neige gelée par moins quinze degrés ou de boue sous une pluie battante ; relever canadienne, chemise et pull-over ; baisser le pantalon et poser ses fesses tièdes sur la planche glacée, faisaient réfléchir jusqu'au besoin impérieux, dernier délai. Par temps de diarrhée, l'épreuve relevait de l'héroïsme…

Il est resté, ce jardin, tel que je le trouvai en octobre ; je remercierais volontiers le cantonnier de l'avoir négligé, car c'est un fouillis hirsute où s'enchevêtrent toutes sortes de plantes à fleurs, promesses colorées, qui, pour peu que je les aide, lui donneront dans quelques semaines le romantisme touchant d'un jardin de curé.

S'il me vient ce projet à l'égard d'un jardin que j'ai pourtant maudit tout l'hiver, c'est qu'il se passe en moi et autour de moi quelque chose d'indéfinissable, qui donne des idées et fait taire les rancunes. Ce quelque chose, je sais bien que c'est le printemps. C'est la lumière froide qui se réchauffe, les trilles d'oiseaux nouveaux que l'on cherche en vain. Ce sont les nuages gris qui blanchissent et se font tout petits, les verts qui poussent – et dans leur creux, des fleurs éclatent. C'est la terre grasse qui s'évapore de senteurs confinées, l'air léger qui souffle les pollens des premières étamines. La bise devient brise, avec son air caressant. Et tout ça, l'air de rien, c'est le printemps.

Il donne des idées et fait oublier ses rancunes à tout le monde, donc aussi à Gisèle, qui me gratifie d'un présent immérité : deux petits lapins, un blanc et un noir, pour me distraire ! Comme le printemps doit aussi rendre aimable, courtois et inconscient, je les accepte et les lâche dans le jardin, où ils pourront en toute liberté couler des jours heureux. Moi pas. Ils me feront damner !

La dernière mésaventure du blanc, le plus vif et insaisissable, me décidera à me séparer de ces deux pensionnaires avant qu'ils n'aient la taille du civet. Blanquette – c'était une lapine – disparut. Je n'en fus pas spécialement affecté, plutôt intrigué car il n'existait aucune possibilité d'évasion. Après un jour, je retrouvai la fugitive… dans la fosse d'aisances ! Par délicatesse, je passe sous silence le sauvetage peu ragoûtant et ses suites qui ne le furent pas moins. Un souvenir dont je vous fais grâce. Et mon jardin mis à mal ne ressembla jamais qu'à celui d'un curé y élevant des lapins.

Les répétitions entrent dans la phase de polissage de la mise en scène mais sans les repères des décors, je suis en difficulté ; leur réalisation me paraît donc urgente. Des bonnes volontés sont sollicitées pour fabriquer des châssis tendus de part et d'autre de draps en fin de vie, déjà condamnés à terminer leurs vieux jours en torchons ou chiffons, que je peindrai chez moi à temps perdu. Les panneaux obtenus, réversibles, permettront un changement de décor rapide. Ils seront fixés sur l'estrade qui, débarrassée du bureau, fera une scène très convenable.

Mon dynamisme et ma résistance ont leurs limites et la charge de travail que m'imposent ces préparatifs ruine en une semaine l'entracte pascal. Heureusement, à deux pas, il y a la forêt. Elle a, entre autres vertus, cette somptueuse forêt, celle d'évacuer le surmenage, comme toutes les forêts. Je lui confie donc ma grande fatigue ce jeudi matin, dès que la brume qui monte du vallon découvre la ligne flexueuse de sa crête rougissante de bourgeons.

Le soleil prend sa suite et, encore timide, traverse la voûte gothique des hauts arbres pour éclairer comme un vitrail, dans un jeu d'ombre et de lumière, l'allée toujours grasse du dégel récent. Dans l'épais tapis de feuilles mortes putrides, reliquat de l'automne, mes pas silencieux s'enfoncent mollement, laissant derrière eux une longue traînée sombre. Je hume, montant du sol qui renaît de l'hiver, la forte et prenante odeur printanière de l'humus. Les fougères, reines du sous-bois, commencent à dérouler leurs frondes élégantes au milieu des pervenches et des rares perce-neige tardives. Là-haut, entre les feuillus, la lutte est âpre et incertaine pour gagner la lumière. Qui du chêne noueux ou du svelte foyard, nos deux géants, l'emportera ? Ici, au bout du compte, ni l'un ni l'autre. Ils se partagent la victoire et crânent fièrement bien au-dessus du frêne, de l'acacia, du charme et du sycomore, les éternels vaincus.

J'avance, et chaque pas me débarrasse d'hier et de ses soucis… Un cri aigre tout proche déchire l'espace. Je sursaute… Un geai. Le geai a toujours eu le chic pour m'effrayer… Puis à nouveau le calme, le silence. Un silence plus profond encore.

Je m'enfonce. L'ambiance quasi religieuse de ce temple de haute futaie dénudée et ce silence poignant qui résonne du moindre craquement de brindille, qu'on le veuille ou non, forcent le recueillement, tels ces coins obscurs et isolés des cathédrales où se réfugie le pauvre pécheur pour exalter sa prière.

En quête de sérénité, je me garde bien de me remémorer ce que fut la forêt d'antan, celle de la Gaule chevelue crainte des Romains, celle du Moyen Âge où les ermites et les contemplatifs se retiraient, où les fées côtoyaient les diables, où les brigands, les lépreux et les proscrits s'exilaient, où les rois devenaient fous. La forêt des maléfices, hantée, inquiétante. Mais ses légendes sont tenaces et son histoire passionnante. Elles habitent à jamais ces lieux, et la mystérieuse atmosphère qu'elles propagent prend le pas sur la raison ; laissant resurgir au fil du chemin, comme du fond des gènes, une imperceptible angoisse. En vérité, ne serait-ce pas ce qu'inconsciemment je viens y chercher : l'émotion que procure ce que je redoute ?… Car cette appréhension-là m'excite.

Non loin, comme le piano de Debussy, les notes claires d'un ruisseau gazouilleur mettent fin à mon errance. Je traverse une brande touffue, hérissée de trochlées, de ronces et de chablis que j'enjambe pour atteindre le ru par endroits de belle largeur ; devaient y foisonner jadis les écrevisses, aujourd'hui rarescentes. D'écrevisse point, mais une apparition : des morilles ! Une longue colonne de morilles épanouies, provocantes, dardant leurs cônes noirs alvéolés… Les morilles sont toujours une apparition ! Lorsque, à la recherche de champignons, on les découvre enfin, l'instant a quelque chose d'émouvant. Que dire quand ces champignons sont des morilles, et des morilles que l'on n'attend pas ? Champignon de hasard, la morille ne se cherche pas, elle se trouve. Alors, pour la ramasser, on ne s'accroupit pas, on fait la génuflexion. Quoiqu'il fasse frisquet, je retire mon tricot de peau, noue le bas pour en faire une espèce de sac à anses et, pressé, y entasse sans trop de précaution un petit quart de la récolte potentielle. Euphorique, je rentre chez Lucie, qui me bénit. Le reste attendit mon retour. Dire que je fis des heureux (et à plus d'un repas !) serait superflu.

Cette escapade matinale riche de sensations stimule le peintre du jeudi et du dimanche que je suis devenu, mais pas son imagination. Je n'exploite qu'en dilettante mon coup de crayon, héritage maternel. Je cède à une facilité naturelle que je sollicite dans le but de me divertir, sans souci de créer. Car la création exige une telle disponibilité d'esprit qu'une seule journée ne la saurait procurer.

Tard, quand la lumière baisse, un sous-bois de printemps ensoleille la toile, une toile qui plaira à qui ne demande au peintre, pour s'émouvoir, rien de plus qu'un simple sous-bois ensoleillé.

« Tu cherches toujours des bâtons pour te faire battre », me disait ma grand-mère. Ma dernière trouvaille dépasse cette simple tendance masochiste que personne ne corrigea, pas même mes éducateurs d'adjudants : j'ai décidé d'organiser l'élection de Miss Bricourt ! Mes charentaises se sont usées.

Pour moi, il s'agit d'un pari osé. Pour les autres, ça va de l'idée farfelue à la bouffée délirante… Bricourt le dimanche, au plus fort de sa fréquentation, quand les émigrés reviennent de la ville au village, compte moins de cent vingt habitants ; parmi ceux-ci, je répertorie tout au plus quatre ou cinq candidates (dont deux sont mes élèves). Et pour que ces candidates consentent à concourir, il faut une campagne de persuasion subtile.

Bébert, mis au courant de mon initiative, proposera entre deux vins d'élargir le recrutement aux femmes mariées, ce à quoi Devieux rétorquera que, dans cette éventualité, sûr, Germaine n'hésitera pas à tenter sa chance ! Alors, de lui-même, Bébert revoit sa position.

Je ne m'arrête pas à cette problématique, non plus qu'aux conséquences qu'un tel affrontement causera immanquablement, la jalousie en tête (qui, dans ce microcosme, n'a pas besoin qu'on l'attise pour exister). Conscient des difficultés, je persiste et assume mon caprice.

Lorsque je lui soumets le projet, Lucie ne m'en dissuade pas ; elle se voit déboucher pour l'occasion quelques bouteilles supplémentaires. Et surtout, spectatrice malicieuse, elle se régale de tout ce qui chamboule le village ou perce des brèches dans son indécrottable médiocrité. Lucie doit jubiler…

Le repas de midi s'achève et l'heure du défi approche sans une seule postulante à l'horizon. Mes voisins de cantine compatissent, même Fernand (que j'ai fini par rallier à ma cause, avec l'espoir de convaincre Mauricette, et qui déclara finalement qu'il « voudrait bien voir ça »). Je me recroqueville sur ma chaise. Déconfit.

Au coup d'envoi de la petite sauterie précédant la cérémonie, victoire ! Quatre candidates, de conserve, se manifestent. Je me redresse d'un coup, inhale un grand bol d'air qui me libère d'une dyspnée psychosomatique que je traîne depuis la veille. Oui, quatre filles sur la scène, quel succès face aux prévisions alarmistes de Fernand hier et de Devieux aujourd'hui qui me voyaient capot !

Le bal bat son plein quand Lucie m'annonce une cinquième candidature de dernière minute. Une candidature providentielle qui va mettre du beurre dans les épinards, et « même plus qu'il n'en faut », me dis-je en la découvrant. C'est un beau brin de fille qui se prénomme Brigitte et me fait un petit frisson au creux de l'échiné. En conflit avec sa famille, elle a quitté le village à sa majorité pour la grande ville. Aujourd'hui rabibochée, elle revient au pays pour la première fois. Pimpante, altière, superbe. La ville, d'une paysanne crottée, ça vous façonne une Miss Bricourt en deux temps trois mouvements ! Un tour de passe-passe qui stupéfie son conscrit Bébert, baba devant la revenante métamorphosée. Car le titre ne saurait échapper à cette Brigitte-là, favorite incontestable de la compétition, réglant ainsi l'épineux problème des susceptibilités et animosités pronostiquées entre les concurrentes et sans doute entre leurs familles. À moins que, craignent Fernand, Bébert et Pourcier, la Brigitte n'ait laissé, chez certains membres du jury ou chez les spectateurs, un mauvais souvenir : alors l'occasion sera belle de le lui faire payer.

Elle entre dans la salle et je constate vite, à travers les regards qui la mettent en joue et les moues dégoûtées, qu'effectivement elle n'a pas l'heur de plaire à tous. Ici, ai-je depuis longtemps observé, on tient plutôt rigueur qu'on ne sait gré. Ma place et mon devoir étant aussi sur le parquet, j'invite des mamans d'élèves, qui visiblement n'attendaient que cela pour délier leur langue, à lâcher leur fiel et à m'en apprendre de belles sur la Brigitte. Adolescente, elle tirait déjà, comme aujourd'hui, dans une catégorie hors de portée de toutes ces dames, mettant à plusieurs longueurs les Mariette, Germaine et autres Mauricette…

Déniaisée après sa communion, engrossée par quelque père de famille, avortée par les mains expertes et le fil électrique de la sorcière du coin, récidiviste, elle s'exila enfin, bien loin, pour échapper à la vindicte familiale et populaire ; dernière étape, le trottoir.

« N'a-t-elle pas l'allure d'une catin, c'te Brigitte ! »

Pour ces paysannes fort en colère, l'habit fait le moine.

En divisant par deux cet affligeant parcours (décrit avec trop de haine pour être crédible), je devrais approcher la vérité. Mais, bah ! cette vérité ne m'intéresse pas. La fille, si.

Bébert me tire par la manche. On me demande au café, où une belle surprise m'attend. Jeannot, ce cher copain d'école qui n'a pas comme moi été mis hors combat avant d'y aller, en permission entre deux citations qu'il décrochera en Kabylie, me rend visite en voisin avec sa petite amie et ses collègues de bureau. Sur cette terre d'Afrique, de sang, de mensonge, de haine et d'espoirs déçus, il a pris de la hauteur, de l'épaisseur, quand tant d'autres, parmi ceux qui reviennent, s'y sont désintégrés mentalement. Lui s'y bonifie. Sacré Jeannot ! L'accolade est chaude, les verres se remplissent, les souvenirs s'enchaînent, le bon vieux temps défile… Bon sang, l'élection !

« Jeannot, tu tombes à pic… Tu es le messie ! »

Je lui raconte l'histoire en style télégraphique, le fiasco évité de justesse et l'élection imminente qui risque de finir en eau de boudin.

« Tes amis et toi serez le jury, un jury impartial puisque étranger au village où vous ne connaissez personne… D'accord ? Vous ne pouvez pas vous tromper. Il n'y a qu'une gagnante possible, elle vous crèvera les yeux. Quant à la dauphine, vous avez le choix… En avant. »

J'annonce l'élection de Miss Bricourt puis présente et loue avec solennité le jury dont l'indépendance garantit l'intégrité. Le silence soudain et les fronts plissés disent clairement : « De quoi viennent se mêler ces étrangers ? »

Les cinq prétendantes s'avancent en file indienne et s'alignent, les unes sourire forcé, les mains croisées sur le pubis, les autres cadavériques ; Mauricette, le poing sur la hanche, jambes écartées, se trémousse et ricane ; Brigitte, immobile, rayonne.

Le verdict tombe, sans suspens ni surprise. Brigitte gagne le concours, mais pas l'estime de l'assistance, qui salue son sacre par des applaudissements étiques, issus pour la plupart du public masculin.

Le jury, presque simultanément, fait d'Annette sa dauphine qui, elle, reçoit une ovation crépitante et tellement méritée. Toujours en retrait, Annette dut se faire violence pour s'afficher ; le choix judicieux de Jeannot va bien au-delà de la récompense que symbolise cet accessit : il lui délivre un sauf-conduit libérateur vers une émancipation certaine.

Loin de la polémique qui entoure Brigitte, je réhabilite la fille prodigue et, m'octroyant le privilège de l'enlacer le premier, je l'entraîne, un tantinet provocateur, dans une java vache, genre « bal à Jo », qui ne se conçoit que les mains sur les fesses. La stupeur passée, un couple, deux couples puis tous font comme si la java adoucissait les mœurs et nous emboîtent le pas, les mains sur les fesses. On n'est pas bégueule, à Bricourt… Un tango suit, langoureux évidemment. Le tango à la mode de chez nous, c'est-à-dire corps à corps, est fait pour engager le dialogue physique, et rien que physique. Les épidermes, imperceptiblement d'abord, se chuchotent de timides promesses, puis, dans une délicieuse et émouvante moiteur qui, des paumes, descend jusqu'aux reins, deviennent plus bavards. Les joues prennent la parole avec douceur, les seins répondent et, quand les ventres sont d'accord, la conclusion approche… Mais attention, pas de verbiage excessif, pas d'expression vulgaire et gare à la main qui a la langue trop longue… La conversation s'achève par des aveux torrides au dernier coup de cymbale. Le timing parfait. Tout se joue les yeux fermés. On ne se regarde que quand on s'est tout dit, bouche cousue contrat en poche. Très efficace, le tango de Bricourt… et expéditif.

Avec Brigitte, rien de tout cela. Dix centimètres, entre elle et moi, que je ne comblerai jamais. L'échec. Et des sourires narquois sur les bancs…

La belle avait le cœur ailleurs et je me cassai les dents sur son fil à la patte.

« Le droit de cuissage, me rappelle Devieux, ça avait du bon dans ces cas-là ! »

Je ne sus dans quel sens hocher la tête pour lui répondre.

Ma déroute me ramène à Jeannot. Goguenard, il ne manque pas de me « charrier » et, sachant qu'il ne fait pas mal, remue le couteau dans la plaie, une simple égratignure pas plus profonde que l'amour-propre.

Germaine annonce la danse du tapis. Sauve qui peut ! Nous quittons la salle sous les huées.

Après une succession de coups de l'étrier pour la retarder, l'heure de la séparation arrive et me contrarie. Même en appuyant mes remerciements, je ne peux lui communiquer tout le plaisir que m'a fait sa visite ni le goût de revenez-y qu'elle me laisse. Besoin de le revoir, lui, ou d'autres, besoin surtout de m'évader d'un quotidien devenant étouffant. L'Algérie lui ayant aussi donné de l'esprit, Jeannot me glisse sur le pas de la porte, sourire en coin, satisfait :

« Ton pari vaut bien une Miss. »

Sacré Jeannot !

Cette courte pause me révèle l'ampleur d'une lassitude que je sentais poindre, insidieusement. Au moment de ma vie où j'eus le sentiment de n'être plus rien, je me suis jeté, boulimique, sur la liberté et les opportunités d'entreprendre qui m'étaient offertes pour me réaliser, me valoriser…

Mais, quand on a plus grands yeux que grand ventre, on cale ou c'est l'indigestion… Je ne calai pas.

À partir de ce dimanche, je compterai les jours au jus.

La clémence du printemps permet enfin la reprise des activités sportives sur notre « stade », niché dans un écrin de verdure dont la richesse étonnante me saute aux yeux comme si je la découvrais. Se mettre au vert, ici, s'écrit au pluriel. Car que de verts ! Les essences variées de feuillus, les pins, les sapins, les haies, les champs de céréales, les prairies, offrent une palette infinie de nuances auxquelles peu de peintres ont vraiment osé rendre hommage. Ne me viennent en mémoire que de rares œuvres de paysagistes montrant des verts fades, timides, obscurs, presque accessoires, mais je n'y vois pas ces verts-là, ces verts francs, ardents ; ces verts qui claquent, qui en mettent plein les yeux. L'œil de l'artiste semble y être allergique, il s'émeut plus volontiers des couleurs diaprées de novembre pas plus riches pourtant eu égard à la diversité. Le vert l'effarouche.

Pour détailler ce somptueux patchwork, nous nous asseyons dans l'herbe nouvelle qui teinte fâcheusement les fonds de culotte, au désespoir des parents. Cet exercice d'observation nous ouvre les yeux sur notre environnement familier que nous regardons machinalement sans l'apprécier, moi le premier qui, soudain aujourd'hui, succombe au charme de ce camaïeu paradoxalement tonifiant et apaisant. Tonifiant parce qu'il donne de l'entrain aux enfants, apaisant parce que, fasciné, je revins souvent en ce lieu pour y laisser mes fatigues et mes interrogations, et apprendre que ne rien faire et contempler ne sont pas des occupations réservées aux seuls sots.

Après cinq mois de foin et de betteraves, confinées dans l'ombre des étables, les vaches ont retrouvé la lumière et l'herbe grasse des noues. Derrière la clôture naturelle d'un large roncier, les montbéliardes de Didier, qui est très fier de les présenter, nous observent, placides. Leurs pis se gonflent d'un lait mousseux de crème à déguster tiède au sortir des mamelles, une banalité que nous mesurerons plus tard comme un privilège du passé.

En contrebas, la rivière a raté deux virages et ses eaux s'épandent dans les voussures de ses méandres. Entre joncs, roseaux et nénuphars, la grenouille, le ragondin et la loutre y mènent grande vie.

Les filles racontent qu'elles vont se baigner là au plus fort de l'été, dans la convexité de la rivière, car l'eau y est plus haute. Didier, « braconneur » en herbe, parle de truites qu'il chasse à la fouine. Jean-Michel ne mange pas de ce pain-là, lui, il pêche honnêtement, aux *traîne-beuches*, petites larves enrobées d'une gangue, qu'il déniche sous les pierres. La discussion sera vive entre les deux techniciens. J'écourte la passe d'armes stérile qui s'envenime comme toutes les passes d'armes, et nous rentrons. De vert en vaches et de vaches en rivière, la reprise des activités sportives, avec au programme le rouleau ventral, a fait long feu.

La nature s'empresse donc de rattraper le temps perdu et fait feu des quatre fers. Les hommes aussi, qui s'affairent aux champs dans la bonne humeur retrouvée, enfin à leur place. Le village vit, le village s'éclaire, il me paraît beau. Nous nous réconcilions.

La classe n'échappe pas au phénomène et respire à pleins poumons pour aborder la dernière ligne droite ; c'est à vive allure que nous atteignons le temps béni des communions. Une sorte de pont entre l'enfance et l'adolescence. Un passage obligé entre les mains habiles de la toujours omniprésente Église dont aucun citoyen ne discute et, *a fortiori*, ne conteste la mainmise sur la vie. À douze ans, on fait sa communion, comme tout le monde.

Après Noël et Pâques, communistes, chrétiens, incroyants, athées, tous pharisiens pour la bonne cause, s'unissent à nouveau dans un saint-esprit de corps pour lever le coude à la santé du communiant, leur trait d'union du jour… J'en arrive à me demander ce que deviendraient les familles sans ces coups de pouce de l'Église !

Point n'est besoin à M. le curé de rameuter les enfants : ils viennent traditionnellement à lui, sans qu'on les pousse bien fort, pour vivre l'émotion solennelle de ce qu'ils ressentent comme un tournant de leur existence. Oui, ça vous change un enfant, la profession de foi, comme aussi, à peine plus tard, le dépucelage.

Le père Baron a une approche quelque peu différente de l'événement. Lui remonte au jour du baptême où il a inoculé dans l'inconscient du nouveau-né une petite graine porteuse de la lumière divine ; ensuite, une longue germination de dix bonnes années au moins doit normalement engendrer, lorsque à maturation elle éclot, un authentique chrétien A.O.C. Une démarche infaillible car, cette année encore, elle semble avoir pleinement réussi. Toutes les semences ont pris puisque les novices baptisés se sont retrouvés aux veillées initiatiques, durant quatre à cinq semaines avant la cérémonie. Pas un ne manque à l'appel.

Dans les foyers, la maisonnée est en effervescence. Préparer les petits plats qu'on mettra dans les grands, sortir les costumes de la naphtaline, remettre un bouton à la braguette, ajouter un petit col de dentelle à la robe de l'an passé, découdre une pince ou deux à cause d'un nouveau tour de taille, raccourcir un pantalon qui fera l'affaire pour le petit dernier… On ne chôme pas à la veille du grand jour.

Les aubes dans les placards embaument la lavande car elles ne font pas, elles, leurs premières communions. De génération en génération, elles passent d'un enfant à l'autre, du cousin à la cousine, du voisin à la voisine, comme la trottinette, le landau ou le cyclorameur. Un ourlet, un ravaudage, une lessive pour rafraîchir, un coup de fer, et direction la messe. À la campagne, on fait durer les choses. Mais, qu'elles soient jaunies ou passées, les enfants enfilent ces longues robes de pureté avec autant de respect et de fierté que si elles sortaient tout droit des *Galeries Lafayette.*

L'église fait salle comble ou peu s'en faut. Tous les bancs du vaisseau central pris d'assaut témoignent de l'engouement de tous pour cette manifestation que sustente une dramaturgie vibrante et bien orchestrée. Les visages graves et blêmes, les cierges qui tremblent dans les mains moites... les enfants, en première ligne, plus pétrifiés que concentrés sur leur profession de foi, n'oublieront pas de sitôt cette épreuve d'une rare intensité émotionnelle.

Puis les portes s'ouvrent comme une soupape. Un vacarme de chaises, de bancs déplacés et de voix qui s'interpellent emplit les voûtes. Les aubes se débandent dans une envolée joyeuse et sont parties pour passer des moments difficiles, malgré les recommandations des mères lancées à la cantonade, que personne n'entend. Déjà, la rue et le jeu ont repris leurs droits.

Je n'ai pas été invité au repas mais au dessert, chez Denis où je me rends pour la première fois. Le père Baron, vedette du jour, honorera la table de M. le maire, son ami.

« Faites pas attention au chantier, monsieur l'instituteur, vous savez c'que c'est… Une tablée de vingt-cinq, c'est pas rien… et tous des *gueurlus*[1]. Allez, finissez d'entrer. »

La maîtresse de maison qui, s'avançant pour le repas du soir, fait tremper sa vaisselle, me reçoit dans la cuisine où règne un appétissant désordre. Les reliefs de ce qui dut être un copieux festin s'entassent pêle-mêle sur la longue table en bois, seule rescapée du dernier passage des chineurs. Ni bahut, ni dressoir, ni maie, ni bonnetière d'époque en chêne ou fruitier, mais un buffet, deux placards et des chaises en copeaux pressés plaqués d'un Formica couleur caca d'oie qui ne demandera bientôt qu'à se décoller. Une cuisine de H.L.M.

« Hein, c'est pas plus gai, ces meubles-là, dites un peu, vous qui êtes jeune et moderne ? Y fait plus clair dans la pièce, non ? Et surtout, un coup d'*gauille*[2] et v'là l'ménage fait. Faut vivre avec son temps, qu'on s'est dit, l'André et moi », explique Mme Chérey en me voyant en arrêt devant ce mobilier insipide, sans âme, qui insulte cette magnifique cuisine aux odeurs d'autrefois.

L'André me confessera tout à l'heure que, dans ce Formica glacial, il a pris froid cet hiver et que la potée n'y a plus le même goût.

La laideur peut être belle et avoir de bons côtés. L'argument majeur des chiffonniers a encore fait

1. *Gourmands.*
2. *Lavette.*

mouche, des chiffonniers promus brocanteurs à force d'arnaques, et antiquaires en devenir. Après les vieilleries des greniers, ils dévalisent allégrement les rez-de-chaussée des plus crédules. Pour une bouchée de pain. Allez donc faire comprendre cela à Mme Chérey dont le Formica caca d'oie a changé la vie !

À côté, dans la salle à manger que l'on réhabilite pour les grandes occasions, la gaieté fait rage. Ici les chiffonniers ont épargné le style ramasse-poussière Henri II qui, j'imagine, ne perd rien pour attendre. Son heure ne saurait tarder. Sur les murs à rayures roses et vertes, les calendriers des P.T.T. des années 1950 poursuivent une honorable carrière décorative et entourent, à la place d'honneur, au centre de la pièce, un tableau « signé Lévitan » offert gracieusement pour tout achat d'une chambre à coucher imitation noyer : un cerf au brame dans un sous-bois d'automne qui fait du calendrier voisin une œuvre d'art.

Denis, les joues carminées, me réceptionne et m'entraîne vers son père, qui m'installe près de lui en lieu et place de sa femme renvoyée à sa pierre d'évier. Pas un mot de présentation pour l'intrus. À peine choqué car au fait de leurs manières, je dresse la tête et ausculte cette bruyante compagnie. Un coup d'œil à gauche, un coup d'œil à droite… La cascade cristalline d'un rire éclabousse la pièce de tous ses éclats… Un regard noir passion : Brigitte !… à quatre chaises de moi. Une Brigitte aguichante, exaltée, pétillante, qui ce soir boit la vie jusqu'à concurrence d'ivresse. Triomphante.

Elle ne me verra pas.

La surprenante présence de Miss Bricourt, cousine issue de germaine de Denis, au milieu de l'ensemble de la famille, annoncerait-elle un pardon général ? La médisance étant contagieuse, je subodore que le somptueux cadeau qu'elle offrit au communiant – un vélo « Gaston Lapierre » – pourrait bien lui avoir servi de sésame. Mais, bien vite, je me raviserai pour mettre un peu d'eau dans mon vin. Une belle fin à une vilaine histoire peut justifier tous les moyens.

Je désespérais, lorsque M. Chérey enfin me tend un verre :

« On n'a pas été r'gardant pour l'Denis – c'est not'seul garçon – : tout l'repas au vin bouché. T'nez, goûtez-moi c'te passe-tout-grain, vous m'en direz des nouvelles… Hein ? C'est pas du bon, ça ? Ah ! Qu'est-ce que vous voulez ? On fait pas sa communion deux fois. Faut qu'elle laisse des souvenirs au p'tit, c'te communion. »

« Le p'tit » gardera d'abord le souvenir aigre des vomissures de « c'te passe-tout-grain » suivi d'un mousseux sucré à grosses bulles, qui l'éliminèrent de la fête plus tôt que prévu.

« On fait pas un homme sans casser des œufs ! » professe son père.

Deux minutes plus tard :

« Puisque j'vous ai sous la main… l'Denis, comment y s'en tire chez vous ?

– Mieux qu'en début d'année. »

Ma réponse laconique semble satisfaire le dernier de ses soucis.

Les plus jeunes, qui avaient déserté vers le jardin, rappliquent ventre à terre quand Mme Chérey présente l'inévitable et monumental croquembouche surmonté du petit communiant en plâtre peint... *Ah ! le petit vin blanc...* démarre à ma gauche. Je m'y associe et, ce faisant, mets un pied dans la famille. Il me suffit d'enchaîner sur une gauloiserie bien grasse pour y poser le second. On daigne alors m'adresser la parole. L'intégration tient souvent à peu de chose.

Au bout de la table, la petite voix chevrotante de Valentine, la grand-mère maternelle, s'en prend au *Temps des cerises*, un sale temps car Valentine chante faux, très faux, mais comme elle l'ignore et qu'on l'applaudit depuis quarante ans, à chaque fête elle remet ça.

Relégué au fond, il y a le cercle très restreint des bisaïeuls, avachis dans leurs voltaires, qui ont honoré la cuisinière sans retenue et fait illusion jusqu'au fromage. Mais à cet âge, on ne repousse pas longtemps la sieste impunément. Ils piquent du nez sur leurs serviettes maculées, que heureusement on avait pris soin de leur nouer autour du cou. Dans leur demi-sommeil, ils bavent, éructent ou s'oublient, mais ils sont là, au milieu des leurs, dont ils profitent de temps à autre lorsqu'un fou rire aigu leur fait lever la paupière. Ils sont résignés. Peu leur importe de ne plus voir, ne plus bien entendre, ne plus tout comprendre, ne plus rien avoir à dire, pourvu qu'une main chaleureuse se pose sur leur épaule. Un rien de tendresse effleurée leur rappelle qu'ils vivent encore. Ça leur suffit.

La petite Françoise, joues et robe rouge écarlate, s'est avancée lentement vers eux, un doigt dans la bouche, et observe, immobile ce tableau pathétique. On dirait un coquelicot fiché dans un bouquet mort. L'un d'eux bouge encore. Il cherche dans sa blague des restes de gris et roule maladroitement sa cigarette de ses doigts tordus. D'un coup de langue chargée d'une salive épaissie par le fromage de Langres, il colle le JOB que la longue flamme fumeuse du Feudor n'allumera pas. La petite fille semble se demander ce que ces vieux attendent pour aller au ciel. Que la communion soit finie ? À peu de jours près, la suite lui donna raison. On enterra la semaine suivante le père Adrien, qui n'avait plus sa tête. Il s'en alla sans le savoir. Mieux vaut vieillir sénile que lucide, on meurt plus tranquillement.

Françoise enfin contourne ces quatre chandelles usées qui doucement s'éteignent et s'approche de ma voisine d'en face :

« Dis, maman, tu s'ras jamais comme ça, toi ?

– J'espère bien qu'non, Fanfan. Tu sais, quand on va mourir, c'est pas une vie pour tout l'monde, constate amèrement cette femme, mais tu ne voudrais pas qu'je m'débarrasse du pépé à l'hospice ! »

Les femmes regagnent la cuisine où le devoir les appelle. Les hommes restent assis. Leurs esprits échauffés s'apaisent dans la touffeur enfumée, avec les vapeurs des dernières rasades de goutte et une partie de tarot décousue qui fera patienter jusqu'au souper...

Dehors, les étoiles me reconduisent chez moi et je pense au berger, au Stropia qui, dans le silence divin de chaque nuit, communie avec elles solennellement.

Jeudi soir. Ultime répétition. Mes théâtreux, au point, devraient enchaîner les trois sketches sans que j'aie à intervenir dans les répliques, la gestuelle, les placements et déplacements que nous avons longuement peaufinés. Tout semble bien huilé, hormis le rôle de Germaine, qui cherchait encore ses mots la semaine passée.

Nous attendons Michel, préposé au changement de décors. Fernand qui, affublé du cantonnier, vient de fixer la charpente supportant les panneaux a décidé de rester pour assister à la représentation, les acteurs étant d'accord. Le postérieur appuyé sur un pupitre, n'ayant pu le glisser derrière, il attend patiemment. Du coin de l'œil, je ne manquerai pas de surveiller ses réactions, non pas que je compte sur ses compétences de critique pour me faire une opinion sur le spectacle, mais pour m'amuser de ses prévisibles mimiques et commentaires aux apparitions de Germaine, qu'il va découvrir dans son accoutrement de scène.

Les costumes début du siècle ne tracassèrent aucun des comédiens, et ma fonction de régisseur se réduisit à la recherche d'accessoires secondaires. Chacun trouva son bonheur dans les greniers où toute famille conserve traditionnellement et précieusement les vieilles fripes des ancêtres dans des malles en osier : pantalon tuyau de poêle, caraco en satinette, chapeau claque, melon, canne à pommeau, bibi à voilette, bottines à petits boutons et même une robe très chic avec son faux cul.

Deuxième atout : le maquillage. Outrancier, voire clownesque, défigurant les personnages caricaturaux, il devrait, à lui seul, dérider plus d'un Fernand. Quant au jeu de scène, troisième atout, la subtilité me paraissant peu pertinente, j'ai misé sur le burlesque, le loufoque pour nous mettre d'emblée le public dans la poche avec ou sans dialogue, le Bricourtois s'attachant prioritairement au contenant plutôt qu'au contenu. Michel nous a fait faux bond.

Tout le monde en place… Jean-Michel se saisit du brigadier… Silence… Les trois coups sont frappés. Je tire le rideau bordeaux, confectionné à partir des tentures de la mairie. La scène reste noire… quelques secondes de suspens… J'allume la rampe, et le décor surgit : intérieur paysan, petites fenêtres et leurs rideaux bonne femme, vaisselier en trompe-l'œil, etc. Au fond de la classe, la bonne bouille de Fernand, dans une lumière tamisée, prend d'abord un air étonné puis franchement ahuri à l'entrée de sa Mauricette au fard tapageur, gouailleuse et d'un Chanson boiteux extraordinaire de naturel. Épaté, notre Fernand ! Et c'est au tour de Germaine, impayable dans son rôle de mère inculte et exécrable aux prises avec les devoirs de son bon élève de fils, Jean-Michel, et de son cancre Denis, étourdi bégayant. Fernand n'est jamais expansif mais, ce soir, il ne peut empêcher sa grosse panse débraillée d'applaudir en tressautant gaillardement. Pour terminer, la prestation des deux sœurs jalouses et querelleuses, Mariette et Mireille, me comble. De la graine de comédiennes, ces deux gamines. Elles ont tout donné et descendent de l'estrade vidées. Au poste de souffleur, Annette s'est sentie inutile.

Fernand, encore sous le choc, se mêle à la troupe. Mais en sortant, associant la mère et la fille, la sanction tombe :

« Pour ça, ces deux *cancouelles*[1] font mieux les singeries qu'le ménage ! »

Toutefois, ses propos malicieux ne trompent personne. Dans son regard d'enfant qui ne sait pas tricher, il y a comme une petite lueur d'estime, voire d'orgueil. Quoi qu'il en dise, il les aime bien, ses deux cancouelles.

Les vaches réglant les horaires de la plupart des manifestations, nous lèverons le rideau samedi à 18 h 30, après la traite. D'ores et déjà, nous savons

1. *La* cancouelle, *en patois, signifie hanneton, une bestiole très désagréable, hantise des paysans.*

que nous allons faire salle comble, mais nous savons aussi que nous devrons nous produire une seconde fois, en raison d'une demande du village voisin, très lié à Bricourt. Une perspective contre laquelle tous feignent mollement de se rebeller. Existe-t-il un artiste qui crache sur le succès ?

Les gens, dont le printemps a réactivé les ardeurs et conséquemment les fatigues, ressentent le besoin d'une pause, d'une récréation ; notre modeste divertissement, leur en offrant l'opportunité, prend la dimension d'un grand spectacle. Une première qui excite la curiosité. Car ici, le principe même du loisir est inconnu. Famille, travail et distractions, pour l'heure en indivision, n'auront que bien plus tard des raisons de se séparer.

Jean-Pierre, souvent préposé avec Mireille à la sébile pour la quête de la messe du dimanche, tient le guichet. Les spectateurs, dont certains ont pris la peine et le temps de se changer, s'installent, en famille ou par affinités. Je place au deuxième rang M. le maire, qui joua son rôle dans la logistique, madame et leurs filles en tenue de gala ; Devieux, Bébert, Lucie, Marcel et… Pourcier, quelle surprise ! Au troisième rang… deux défections : le père Baron, au lit avec un « tour de reins », et Fernand. Fernand ne viendra pas. Trop pudique, trop émotif, Fernand, pour affronter tout ce monde, tous ces yeux braqués sur sa Germaine, sur sa vedette de Germaine, tous ces rires… et lui au milieu. Non, Fernand ne peut pas venir. Il restera chez lui pour y cacher sa gêne, mais je sais qu'à la fenêtre de sa cuisine il tendra l'oreille vers les applaudissements.

L'heure de vérité approche. La salle se remplit. Plus que quelques minutes. Longue attente, insoutenable. En coulisses, derrière un double paravent, un drame précède la comédie. Mireille, pâle, silencieuse, tremblote. Germaine, le livret à la main, parle au mur et dit avoir une grosse envie de faire pipi. Mauricette ne tient plus en place. Chanson et Mariette se dévorent des yeux. Jean-Michel, le sang à fleur de joues, ronge ses ongles. Denis devra faire avec une diarrhée qui s'est déclenchée hier. Et moi, Jean Vilar, je mets en scène *Macbeth* au T.N.P. : la raison a vacillé et n'a plus son mot à dire. Le trac, le redoutable trac est là, maître absolu ; lettres de noblesse du comédien de Bricourt comme du sociétaire de la Comédie-Française, ce concentré de peur et d'énergie ne lâche pas sa proie. Jusqu'au dernier moment, il est là. Il attend le premier pas de l'acteur sur les planches… Jean-Michel a frappé les trois coups. Je tire le rideau… Une pause… Lumière… Et c'est la délivrance pour Mauricette qui entre en scène… Métamorphose : le trac devient talent…

Le public qui applaudit encore et encore… Les acteurs qui s'unissent par la main et saluent une fois, deux fois, trois fois… leurs visages rayonnants, leurs sourires qu'écartèle une joie intense, inconnue. Le succès fait frissonner de jouissance des entrailles que la peur, il y a peu, torturait.

Le comédien a succombé à l'ivresse des acclamations, sa suprême récompense. Sur son nuage voluptueux, il plane et oublie tout, y compris la recette. Quand Jean-Pierre, éléphant innocent dans notre magasin de porcelaine, apporte le fruit de notre longue et angoissante aventure, Mireille, la première, redescend sur terre en piqué. Le charme est rompu mais, converti en billets de cent francs, il ranime d'autres fibres et prolonge le bonheur. Tandis que je fais les comptes, les commentaires fusent :

« J'en peux plus, s'exclame Germaine, j'suis toute *bieute*[1].

– T'as été drôlement bonne, la félicite Chanson.

– Moi ça va, c'est avant qu'j'avais plus d'jambes, j'suis prête à r'commencer, fanfaronne Mireille.

– Pas moi, soupire Jean-Michel, j'étais déjà crevé avant, alors maintenant !… »

Chacun se lâche, s'explique, congratule dans l'excitation, la cacophonie, dans l'euphorie de l'après-spectacle. Michel, retrouvé, tend le doigt vers l'extérieur :

« Venez, je vous invite *Chez Lucie*. »

Notre *Fouquet's*.

Il ne sera facile à personne de s'endormir. Les joies comme les peines raccourcissent les nuits.

1. *Blette*.

Dimanche. Deuxième séance devant un public similaire. Pas encore remise de ses émotions mais plus détendue, la troupe offre une seconde prestation tout aussi brillante que la première. On l'acclame comme hier, encore et encore. Comme hier elle salue deux fois, trois fois, mais les sourires et les visages ne sont plus comme hier, et si le cœur bat fort, il ne s'emballe pas pour autant. Le vertige de la gloire ne se vit qu'une fois. Après, tout est petit. Sauf la cagnotte qui a doublé.

Les enfants, impatients par nature et plus souvent au futur qu'au présent, avaient depuis longtemps anticipé l'importance et la destination de cette cagnotte. Influencés par les dépliants alléchants des syndicats d'initiative qui incitent à l'évasion, à la découverte, ils optèrent pour le voyage et rien d'autre. Car l'épaisseur de notre bas de laine autorise une telle ambition, que cautionne d'ailleurs M. le maire, et sans réserve.

Si bien que ce matin je n'ai qu'une question à leur poser :

« Où ?

– À Paris, m'sieur, personne n'y a encore été.

– Non, au Luxembourg. C'est l'étranger, le Luxembourg. Et, à l'étranger, on n'est pas sûr d'y aller plus tard, faut en profiter. Paris, c'est pas loin, on ira bien un jour ou l'autre... »

Les deux thèses ne s'affrontent que quelques minutes et l'aventure par-delà les frontières l'emporte sur une trop banale excursion vers la trop proche capitale... beaucoup plus loin que

Luxembourg sur la grande carte murale qu'ils lorgnent pourtant chaque jour. Le strabisme de l'imaginaire déforme la géographie et, puisqu'il les fait rêver, je ne le corrigerai pas.

Curieusement, aucun d'eux n'évoque l'argument déterminant auquel je m'attendais. Le Luxembourg fait partie de la famille. Il est cet ami fidèle, présent à toutes les veillées, qu'ils devraient tout naturellement souhaiter rencontrer parce qu'ils ne le connaissent qu'à travers les grandes ondes mystérieuses et magiques, qui les émerveillent et les intriguent autant que leurs parents. Au moins ceux qui jouissent de la faculté d'interrogation.

Le car prend la direction d'une aube turquoise encore indécise. Toujours dans le sommeil, les gosses, affalés sur leurs sièges, finissent leur nuit. À l'avant, les adultes – une vingtaine – ne disent mot. Ils ne réalisent pas encore qu'ils partent en voyage et sans bourse délier, aux frais de la coopérative scolaire.

« Si on m'avait dit qu'en f'sant l'clown, ça permettrait à tout c'monde-là d'venir, j'l'aurais pas cru ! » me confie Germaine, diablement fière du résultat qui la récompense doublement en retour des efforts consentis.

Le calme règne jusqu'à l'aurore, d'où surgit un soleil aveuglant qui sonne le réveil. À l'approche de Verdun et de sa campagne dantesque, une agitation soudaine et incontrôlable s'empare des jeunes. Et ce n'est pas 14-18 qui les stimule mais leurs estomacs vides qui se rebellent. Après que l'en-cas prévu eut apaisé les esprits, j'invite le grand-père de Denis à se souvenir de la Grande Guerre qu'il souffrit de bout en bout. Pour la énième fois, le pépé Marcelin accepte de revivre ce douloureux épisode de sa vie mais avant tout de notre histoire. Un épisode à ne surtout pas oublier. Il ne fouille pas dans sa mémoire, parce que ça remonte à hier : à croire qu'il refait sa guerre tous les jours. Les horreurs viennent toutes seules et quand certaines, celles des autres, trop dures, se coincent au fond de sa gorge, pépé Marcelin saute la page comme pour dire qu'elles appartiennent à leurs martyrs et à eux seuls. Peut-être aussi est-ce tout simplement de la pudeur…

Puis à l'horizon, en même temps que le soleil pâlit dans une grisaille de fumées soudaines, se dresse une muraille, une frontière inattendue derrière laquelle se cache un autre monde : les hauts-fourneaux du bassin de Longwy. Le ghetto des gueules noires. Brutale transition. Des villes qui ne ressemblent pas à des villes, des paysages qui n'en sont pas, des collines grises et stériles, un va-et-vient intense, bruyant et agressif, une poussière fine qui s'incruste et son odeur âcre persistante… un univers ignoré, cauchemardesque, défile… défile et n'en finit pas de défiler. Il pénètre dans le car, impose le silence, glace les visages collés aux fenêtres, mais fait naître dans les cœurs un havre : Bricourt.

Le dernier terril s'éloigne… Dans mon dos, je perçois le chuintement des poitrines oppressées qui se relâchent, et le Luxembourg nous surprend. L'événement, insolite et extraordinaire pour tous, fait tressaillir les estomacs ; d'autant que les douaniers rigides, l'air sévère, jouent à fond leur rôle d'ultime rempart de la nation pour enfin dire d'un signe : « Vous pouvez aller. »

Le grand-duché nous accueille dans ses ondulations verdoyantes, avec ses vaches lustrées sur des pelouses, ses rues propres, sans un tas de fumier, sans même une bouse, bordées de cours gravillonnées, de maisons coquettes et fleuries, sans lézarde. Tout semble briqué, lessivé, épousseté, ordonné, organisé. Décor de théâtre précieux, léché, irréel… sans âme, sans fantaisie, pour costumes trois-pièces et souliers vernis. Interdit aux Bébert, aux Fernand et aux Germaine, le Luxembourg est ennuyeux et invivable.

Mais la *Villa Louvigny*, siège et studios de Radio Luxembourg où nous sommes fort bien reçus, fait exception. N'appartient-elle pas un peu à chacun de ceux qui chaque soir se relient à elle sur les ondes longues, depuis des lustres ? Cela change tout, évidemment.

« Alors comment ça fonctionne, la radio ? »

La question est enfin posée par la guide qui nous entraîne dans une longue visite initiatique. L'électromagnétisme, les circuits oscillants, les kilocycles, la propagation hertzienne, la syntonie… Bref, Branly et Marconi n'y reconnaîtraient pas leurs petits. Nous en resterons donc à la même baguette magique que celle de la fée électricité. Pas tout à fait. Car au détour d'un couloir, derrière une grande vitre, une voix prend forme humaine.

« C'est Camille Felgen », nous signale la guide.

« Bonjour, bonjour, amis fidèles, c'est Luxembourg qui vous appelle… », l'indicatif de la station que, tous, nous connaissons par cœur, chante dans nos têtes et son interprète est là, en chair et en os. Quelle cerise sur le gâteau ! C'est ce même Camille Felgen, qui, sous le pseudonyme de « Camillio », nous fera pâmer quelques années plus tard avec *Warum*, ce slow ravageur.

Après une promenade sur les rives de l'Alzette, un coup d'œil sur la cathédrale et les fortifications, nous regagnions Bricourt. Si les enfants ne pénétrèrent pas les arcanes de la diffusion hertzienne – mais est-ce si important ? –, je crois qu'ils n'écoutèrent plus Radio Luxembourg avec la même oreille, et que cette escapade ouvrit une fenêtre vers l'ailleurs. C'est ce que je pus décrypter dans les quelques lignes des rédactions et les questions orales qui sanctionnèrent « ce voyage à l'étranger ». Leur premier voyage.

Ne me restent à subir que deux épreuves par l'entremise d'un seul compétiteur : Jean-Michel. Jeudi prochain, il joue très gros avec le concours d'entrée en 4e technique ; et la semaine suivante, pour le principe, il se présentera au certificat d'études primaires.

Non seulement, Jean-Michel réussit les deux examens, mais sort en tête du peloton de la sélection nationale pour l'admission dans les écoles militaires qui compte plusieurs centaines de candidats et seulement cinquante places à pourvoir. Mon élève intégra donc l'école du Mans à la rentrée de septembre où il réalisa sa bien modeste ambition : faire des études. À force de vouloir, il changea son destin.

L'aventure fut belle et gratifiante, tant pour lui que pour moi qui en reçus récompense suprême bien des années après. Jean-Michel retrouva ma trace si loin de Bricourt, dont le souvenir déjà s'effaçait, que j'en fus abasourdi. Grand garçon épanoui mais toujours réservé, il arriva chez moi et, simplement, sans même évoquer le passé, me présenta sa charmante jeune femme. Une reconnaissance d'autant plus exceptionnelle qu'elle fut tardive. Je l'épinglai côté cœur à ma boutonnière.

Que pourrait bien penser aujourd'hui M. l'inspecteur primaire de ma pédagogie qui, selon ses termes, « confine à la folie » ? Par-delà le plaisir légitime que m'apportent ces résultats, la satisfaction de savoir que l'un d'entre ces enfants, un seul, peut rêver d'avenir, efface cette terrible impression d'impuissance qui me désespéra en octobre et m'accompagna jusqu'alors. De plus, je sais aussi que les suivants, les Mireille, Annette, Mariette, Jean-Pierre, disposent d'un potentiel qui leur offrira l'an prochain la même chance puisque, à présent, j'en suis certain, ils y croient autant que moi.

Un chaud soleil, une bonne odeur de foin fraîchement coupé, les premières cerises, les regards obliques et lointains des enfants vers les fenêtres, les programmes bouclés, ma profonde lassitude et une inquiétante ardoise chez Lucie… l'année scolaire arrive à son terme. Pour clore ce premier épisode de ma jeune carrière, je bute sur le signe de ponctuation. J'ai deux possibilités : points de suspension, donc à suivre, ou point final.

À suivre ? Dans la structure qui m'a embrigadé, il semblerait qu'il n'y ait pas d'alternative. Il faut suivre. Les règles, Ravy ou un autre, il faut suivre. Un verbe dont la seule évocation m'est insupportable. En découvrant la liberté, j'en suis devenu gourmand, or suivre ne s'accordera jamais avec liberté.

Alors, point final ? Cette fois, ce sont les scrupules qui barrent mon chemin. Tous ces enfants qui comptent sur moi… qui me l'ont dit et redit. Ces enfants qui comptent pour moi, trop peut-être. Et M. le maire, partie prenante, ô combien !, entre en jeu avec une pétition des parents qu'il se propose d'adresser à l'académie ; laquelle, selon les dernières nouvelles, me verrait bien, dans un cours complémentaire, professeur d'allemand et d'éducation physique. Un invalide pensionné, prof d'éducation physique !

Sur ces bases antinomiques, où cœur et raison s'affrontent, commence un débat intérieur des plus cornéliens, dont je sais qu'on ne sort jamais sauf. Si je l'ai occulté en mettant la tête dans le sable alors qu'il m'assiégeait, ce ne fut pas par lâcheté mais par désarroi et seul un très hypothétique coup de main de la Providence pourrait y mettre fin.

J'ai traversé cette année au pas de charge, sans ménagement, et je sais pertinemment que je ne pourrai jamais changer d'allure. Comment tenir à ce rythme ? Comment durer ? Bon sur cent mètres, je haïssais le fond. Et on ne change pas sa nature, on lui trouve un chemin à sa convenance.

Pourtant, après quelques mois, l'inspecteur et ce qu'il représente oubliés, je crus que le chemin de hasard qui m'avait conduit là bifurquait vers un inespéré chemin d'idéal dont le propre est de se jouer des embûches. Mais je dus constater que les vocations de raccroc ne sont jamais que des bogues du destin.

Et puis il y a Bricourt ! Bricourt et son isolement ; son cloaque ; ses Mauricette ; ses Gisèle ; sa gent féminine, étriquée, dépravée, sordide ; sa pension obligée avec ses inévitables Pourcier et Devieux ; ses soirées alcoolisées dégradantes ; ses puits d'eau froide ; la fosse d'aisances au fond du jardin ; la misère culturelle ; le cœur en attente d'appels d'offres illusoires…

Il y a aussi l'argent. Pendant un an, chien fou affamé, je vécus dans l'excès, la démesure, avidement. Par compensation. Tonneau des Danaïdes, j'ai offert à l'un, j'ai offert à l'autre, heureux de le pouvoir, j'ai bu et mangé bien au-delà de mon misérable traitement, sans compter, n'ayant jamais eu à le faire. Et cet « au-delà », chez Lucie, se dit « ardoise » en grinçant les dents. L'argent aussi a ses règles, que je n'ai pas apprises et n'apprendrai jamais. Et pourtant, j'aurais dû. Issu d'une famille modeste sur tous les plans, je vis souvent mes parents tirer le diable par la queue. Une situation affligeante, frustrante, pour un adolescent démuni, incapable d'apporter sa contribution, si minime soit-elle. Qu'en ai-je retenu ? Quelque chose qui ressemble à cette pensée : « À quoi servirait la vie si les enfants ne faisaient pas mieux que leur père ? » Alors je crois que dans mon moi, pas si profond que cela, germa une envie de revanche, d'élévation sociale à laquelle l'argent ne peut qu'être associé. Et cette ambition, mal cachée, choisit ce moment inopportun pour faire surface et brouiller un peu plus les cartes.

Alors ?... Alors je compte les jours au jus. Huit jours... Sept jours... Six jours au jus... Il y a peu, entre les hauts murs de l'école militaire, ce compte à rebours qui précédait les vacances engendrait une excitation qui allait grandissant pour exploser à l'ouverture des grilles. Il y avait toujours du soleil ce jour-là, un horizon dégagé, et derrière : la tendresse et les douceurs du foyer familial...

les croquettes au jambon... le coq au vin et puis le lac, la rivière... Dany, Chantai, Jacqueline, Claudie, harem éphémère, flirts d'un jour ou d'un mois, émotions délicieuses... mon chevalet, des toiles et des couleurs... Pas d'avenir à penser puisque déjà tracé. Rien que l'insouciance.

Le soleil aujourd'hui a la pâleur d'un jour morose. Les murs et les grilles, je ne les vois pas, mais je sens tout autour leur insidieuse et oppressante présence. Franchissables certainement, mais par où faire le mur ? Et quoi derrière le mur ?... Partir, c'est abandonner, c'est fuir, pis encore, c'est faillir. Rester, c'est m'enterrer vivant sans avoir grandi, rien vu, rien aimé...

Le temps passe. Il faudrait en finir mais je ne peux m'empêcher de faire traîner ces jours difficiles quand, après chaque phrase, vient le moment de conclure. Non, je ne peux m'empêcher de peser et repeser le pour et le contre, de refaire l'histoire comme si je pouvais encore en modifier l'issue qui, sans être fatale, hanta plus d'un de mes soirs de méditation où je me disais : « Si c'était à refaire, peut-être bien que... », la vie étant passée par là. Sans cela, je l'aurais déjà posée, cette fichue ponctuation.

En vérité, malgré tous mes efforts de souvenance, il ne me reste rien de mon départ, de mes adieux aux enfants, au village, à Lucie, Marcel, Fernand et les autres. Rien. Je sais seulement que j'ai choisi le point final. L'irréparable. On oublie facilement tout ce qui a fait mal et cette séparation dut me faire très mal.

Si… une image furtive revient, un flash sans importance. Je me revois dans une vieille Ford Vedette, la nouvelle voiture de mon père, regardant dans la lunette arrière s'éloigner l'école, le lavoir puis le pont et en face la cour de Fernand, à gauche la rivière et enfin le château derrière ses grands arbres… Devant, la route est longue et je lui tourne le dos.

Épilogue

BRICOURT, recroquevillé dans sa torpeur et les pieds dans sa boue, tardera à s'assainir. Mon rêve, mon château d'eau se dressera enfin à l'orée du Grand Bois... vingt ans plus tard.

Bébert vieillira vite au rythme d'une cuite par semaine, mais il vieillira, égal à lui-même, heureux.

Fernand, désabusé, de kilos en chopines tendra vers l'apoplexie qui le délivrera d'un drôle de mal, ce fichu Marché commun, pas fait pour lui.

Jean-Jean emportera sa vigne dans la tombe, que dis-je, dans son caveau.

Devieux poursuivra sa quête d'impossible à travers une vie toujours chaotique, tandis que le secrétaire de mairie, rongé par l'aigrissure, poussera des soupirs de plus en plus longs jusqu'à son dernier.

Le père Baron, résigné, voyant une à une ses ouailles disparaître, finira peut-être par se dire, faussement optimiste : « Une de perdue, dix de retrouvées ! »

Gisèle offrira à qui le voudra bien, et de plus belle, l'épaisse cellulite granuleuse de ses fesses glabres ; Mauricette, ses futurs morpions ; et sa mère, son expérience de vieux pot devenu rance.

Toutes se retrouveront quatre ou cinq fois l'an sur le parquet grinçant du café jusqu'à ce que, faute d'ivrognes, Lucie mette la clef sous la porte.

De paysans, plus. Les fermes, bradées à quelques urbains, s'embourgeoiseront et des fleurs aux senteurs subtiles pousseront sur les fosses à purin.

Mon successeur appréciera la simplicité de ce village agreste, la richesse de sa vie bucolique, sans fard, et y prendra racine. Alors, enfin, les enfants épanouis et ambitieux retrouveront chaque année leur maître dans leur chère école…

Ce vœu resta pieux. Peu de temps après moi, l'école ferma ses portes. Morte et enterrée pour l'inspecteur primaire dont on crut entendre jusqu'à Bricourt le ricanement maladif et jubilatoire, mais vivante, ô combien !, et pour longtemps dans bien des souvenirs.

Mea culpa. Il y a peu de temps, je recevais une lettre avec au dos l'expéditeur : *Comtesse de Bricourt.* Diable !... C'était sa petite-nièce qui, dans un long récit émouvant, me contait la véritable histoire de sa vieille tante, une brave femme, jadis très riche (elle posséda deux magnifiques châteaux) mais que la guerre ruina et qu'une sombre rumeur allait en plus anéantir.

Elle m'expliquait que j'avais été abusé par le curé, un fourbe malhonnête qui, parce qu'il avait eu un différend avec la comtesse, se vengea en colportant des insanités sur son compte, jusqu'à l'accuser du meurtre de son mari. Un prêtre !... Qui douterait de la probité d'un prêtre ?

Table des matières

Chez le même éditeur

Sagas familiales et destins singuliers sont au cœur des romans De Borée. Découvrez-les sans plus attendre.

ANGLADE Jean
Le Chien du seigneur
Les Fables

ARCES (D') Amicie
Les Noces blanches

AUDIDIER Robert
Le Voyage de Pierre Angibaud
Les Sentiers de traverse
Les Trois Frères

AUDOUX Marguerite
Marie-Claire suivi de *L'Atelier de Marie-Claire*

AUJOULAT Noël
Le Village perdu

BARDOT Thierry
Le Hameau des Tailles
Les Mauvaises Herbes
Les Méprises
Les Noces chagrines

BARRAL René
L'Enfant secret de la Borie
La Colère des drailles
Ombres et lumières de Costebelle

BÉLARD Paul
La Ferme aux écrevisses
Moissons d'enfance

BÉNÉ Robert
Clémence, une vie ailleurs
La Belle Marguerite
Le Trésor d'Alpaïde

BENOÎT Michel
Le Soleil de la Vallée noire
Les Moissons de sang

BERTHÈS Colette
La Mémoire des chemins
Les Amants de Borde Rouge

BERTHOD Michel
Le Temps des hirondelles

BOBÈCHE Adrien
Au vent des brandes
La Fille de la meunière
Les Confitures du haut de l'armoire

BONTE Pierre
*Bonjour la France**
*Bonjour la France***

BORMANN Christian
Les Coulées douces

BOUCHARDY Christian
La Trace mystérieuse
Le Fugitif de la Saint-Jean

BOUCHET Maurice
L'Inconnu de Roche Rouge
La Fille du pertuis
La Font de l'Ours
Là où disparaît le torrent
Le Chêne foudroyé
Les Souliers ferrés

BOUDOU Josette
La Maison d'école
La Nuit des abeilles

La Ronde des saisons
Les Chemins de toile
Les Craies de couleur
Les Feux de Bois-Colombes
Marie, fille des montagnes

BOURRET Johan
La Diablesse
Quand les loups rôdent

BOUSSUGE Micheline
Le Bois de Bis

BRIAND Charles
Le Foulard de l'aviateur

BUICHE Jean-Pierre
Une petite âme

CANAUD Jacques
Le Temps des maquis

CAPPEAU Marie Nicole
Chantemerle
Désacœur
Un château de famille

CASTELAIN Anne-Marie
La Dentellière de la brume
La Promesse
Le Passant de l'été
Les Raisins du pardon

CAVALIÉ Roger
Le Vieux Cartable

CHALAYER Maurice
La Terre de la discorde
La Tourmente
Le Secret de Jean
Les Promesses du haut pays

CHARMASSON Guy
La Basse Terre de Julia
La Main du maître

Le Sorcier de la combe
Noblesse de paille

COGNÉRAS François
Compagnon du rail
Les Enfants des hautes terres

COLLIN Yvon
Journal d'un instituteur de campagne
L'Écorce amère

CORDOUAN Manuel
Les Amants d'Alger

CORNAILLE Didier
La Photo de classe
Les Indignés de Montservier

COSEM Michel
Justine et les loups
Le Bois des demoiselles

COSMOS Jean
La Dictée

CROIZIER Jean-Pierre
La Bonne Providence

DEBRIFFE Martial
La Fleur de l'ombre
Le Secret de la Villa Marianne
Le Serment de la Saint-Jean
Les Peyrie

DELAGE Alain
Les Secrets de Fontvives

DELOMME Martine
Un été d'ombre et de lumière

DESFORGES Jean-Louis
Pierre des montagnes

DUCLOZ Albert
Julie bon pain
Le Violon d'or
Les Jacinthes sauvages
Une étrange récolte

DUHAMEAU Jacques
Le Vent du Peyradoux

DUPORGE Bernard
La Cabane du berger
Les Amants de la lagune

DUPUY Daniel
Fontcouverte
Le Mystère Fontbrune
Les Quatre Jeudis

ÉCOLE-BOIVIN Catherine
L'Enfant-Loup de Blanche

FABRE Jean-Luc
Le Colporteur des âmes
Les Semeurs d'espérance
Une neige de juillet

FAINDT Roger
Bleuvent

FRONTENAC Yvette
Les Années chantepleure
Les Années châtaignes
Éléonore

GALLOIS Christiane
La Clairière aux genêts
Nanou,
les doigts pleins d'encre

GAMARRA Pierre
L'Empreinte de l'ours
Les Coqs de minuit suivi de
Rosalie Brousse

GAY Marie-Claude
Faustine et le bel amour
Le Secret des Solignac
Le Vallon des sources

GIBERT Sylvie
Derrière les portes
Fleurs Bleues
La Grange au secret

GIMBERT Yveline
L'Ombre des chênes
La Méprise
Le Crépuscule du loup
Le Retour de Rose

GLATT Gérard
Le Destin de Louise
Le Temps de l'oubli

GONZALÈS Daniel
La Demoiselle du port
Le Chemin des amandiers
Le Temps des cigales

GOURÉVITCH Jean-Paul
Villa Maldoror

JAILLER Isabelle
Louise, loin du pays

JEANJEAN Roland
L'Aven de la Dame noire

JUBIEN Aurélie
Un jour d'octobre

JUDENNE Roger
Le Silence des rives
Les Terres brunes
Louison la douce
Une vie de dimanche

LABORIE Christian
L'Appel des Drailles

L'Arbre d'or
Le Brouillard de l'aube
Le Saut-du-Loup
Le Secret des Terres Blanches
Les Bonheurs de Céline
Les Drailles oubliées
Les Hauts de Bellecoste
Les Sarments de la colère
Terres noires

LACOMBE Michel
La Bonne École
La Vagabonde de Saint-Ours
Le Domaine des Rochettes
Les Brûlots de paille

LAFONTAINE Jacques
Les Jours de gloire

LAOUENAN Roger
Le Pain bleu
Le Repaire du papillon

LAVARENNE Michelle
La Belle Vie d'Anna
Le Rossignol des Tuilières

LEBERT Karine
Le Secret d'Emma
Les Mystères de Camille
Les Sortilèges du Tremblay
Loin de Margaux
Nina et ses sœurs

LEDOUX Ivan
La Guerre des marrons

LEMAIRE Philippe
Compagnons de fortune
Gus
La Belle Absente
La Soureillade
Le Chemin de poussière

MALROUX Antonin
Le Soleil de Monédière

MÉRAUX Philippe
Le Chasse-pendule

MERCADIÉ Louis
L'Enfant du buron

MERCIER Louis
Les Contes de Jean-Pierre en pays roannais

MOUCHEL Jean
La Bonne Fortune de Sébastien

MOSCA Lyliane
La Dame de Champbrise
La Fille de la Buissonnière
Les Amants du moulin
Les Gens de Laborde
Un parfum de trahison

NAVARRO Christine
L'Échappée belle
L'Éventail d'ivoire
La Chevelure d'ébène

PALET (DE) Marie
Amandine
Céline, une vie toute simple
Le Village retrouvé
Les Brumes du causse
Les Femmes de Cardabelle
Mademoiselle Fine
Sidonie des Bastides
Un chemin de rocailles

PECOU Raymond
Allée des Alyscamps

PÉRILHON Jean
Les Racines de mai

PICCINO Sylviane
Les Sabots de peine

PINCE Jacques
L'Ombre du chai
La Colline aux framboises
La Vengeance de Bogis
Le Dernier des Bourdignot
Les Blouses grises

PLAIT Annie
Les Longues Saisons

PLUCHARD Mireille
La Tresse d'or
Le Mas de la Sarrasine
Le Petit Bâtard
Les Diamants noirs
Les Sentes buissonnières

PUIJALON Bernadette
Des monts de tempête
L'Heure de l'alouette
Le Loup d'Orcival

RIBES Georges
Les Gens de la vallée

ROCHE Florence
Des monts de Résistance
L'Héritage maudit
L'Honneur des Bories
Le Dernier des Orsini
La Trahison des Combes
Les Hautes Terres

ROSSET Jean
L'Aube de la liberté
La Limousine d'Hautecombe
Les Derniers Porteurs de terre

ROYER Roger
L'Envol du Choucas
L'Or de Justin
La Colline des Maures
La Colombière
La Dame de la Callune
Le Médecin de Maurevers

SABOURIN Pierre
La Terre des Coteaux
Le Boulanger de Saint-Laurent
Les Fiancés de Saint-Laurent

SAND George
François le Champi
Jean de la Roche
La Mare au diable
La Ville noire
Le Compagnon du Tour de France *
Le Compagnon du Tour de France **
Le Marquis de Villemer
Le Péché de monsieur Antoine *
Le Péché de monsieur Antoine **
Les Contes d'une grand-mère *
Les Contes d'une grand-mère **

SOYEZ Jean-Marc
Julia
La Ramandeuse
La Vigne à Saint-Romain
Les Galoches de Julia

TAMAIN Louis
L'Encre violette
L'Énigme de Fontary
Le Miroir aux alouettes
Le Renard
Le Temps de l'école
Médecin de campagne

TEMPÈRE Jean
Les Sirènes du lac

TESSIER Colette
Les Carnets noirs

THOULON-LANGUET Michèle
Maria du bout du monde

TOUATI Claude-Rose
et Lucien-Guy
La Ronde du destin
Le Cahier bleu
Les Ombres de la palombière
Quand le vent s'apaisera...
Une maison dans les herbes

VALADE Corine
Le Printemps d'Aurélien

VAISSIÈRE Marie-Louise
Les Carnets de Marie-Louise Vaissière
Marie, fille de cocagne

VÉDRINES Jean-Pierre
Marie des vignes
Soleil de femmes
Un jour d'orage

VERRIER Michel
La Ferme des Pitaval
La Maison au bout du chemin

VINCENT Claude
Le Pain de lune
Les Roses de l'hiver

PEFC/10-31-2008

Imprimé en U.E.
Dépôt légal : août 2013
ISBN : 978-2-8129-0906-1
ISSN : 1769-1788